本书系兰州大学新闻与传播学院
"丝绸之路新闻传播创新研究"培育项目（项目编号：20PY1007）的阶段性成果

兰大新闻学术文库
Journalism & Communication Academic
BookSeries, Lanzhou University

权玺 著

极目未来媒体

基于自组织理论的平台媒体演化研究

社会科学文献出版社
SOCIAL SCIENCES ACADEMIC PRESS (CHINA)

序

方兴未艾、波澜壮阔的第四次工业革命正不断重构人类社会的政治、经济、文化、科技、传媒这些决定社会事物发展的关键力量。在最近几年，不断创生和扩散的包括人工智能、物联网、大数据、区块链等在内的智能技术体充分释放出巨大的能量。作为社会信息传播系统的传媒受到智能技术体的直接"域定"，正在浴火重生，化蛹成蝶，发生革命性变化。这种"域定"不仅通过改变社会的政治、经济、文化、科技对传媒演变产生重大影响，而且直接改变传媒用户、传播方式、传媒产品、经营模式、传媒生态、管理规制方式等环境要素，推动着传媒本体在可计算、智能化的轨道上一往无前，不断生成在线社会信息传播系统的新样态，不断演化成为复杂自组织社会信息传播系统。历经数次形态叠加、性状融合、功能汇流、接点泛化的传媒本身逐渐成为一个复杂适应性系统。特别是随着社会整体的数智进化，传媒的核心实现充分智能化，传媒的边界已经开始逐步泛化，终将演化成为一个开放的在线社会信息传播系统。因此，研究传媒演进的关键环节，把握智能技术体与社会发展的相互作用与互动影响，洞察在线社会信息传播系统的演进规律及未来走向，是促进社会与传媒全面、协调、可持续发展而亟待解决的重大战略课题。揭示传媒本体演进机理和未来趋势，这是时代和历史赋予严格意义上的新闻学与传播学研究者的专业使命。

权玺同学的专著《极目未来媒体：基于自组织理论的平台媒体演化研究》在揭示传媒本体演化机理与路径方面，做了卓有成效的探索。纵观全书，可以发现，它有以下三个特点。

（一）以跨学科视野，敢于直面传媒发展的深层核心问题。这主要体现在：一是紧紧抓住传媒本体演化这一深层问题，除使用新闻学、传播学及传媒发展研究的一般理论资源之外，还重点导入自组织理论、协同学理论、双边市场理论、平台战略理论等多学科理论资源，构建传媒发展演化的分析框架。当代传媒作为在线社会信息系统，已经深刻地嵌入到社会生活的各个方面，并且日益基础设施化，成为一个社会的复杂巨系统。因此，跳出传统新闻学与传播学的窠臼，根据传媒演化与泛化的特性，跨学科铸造分析工具，不仅应该，而且必须。二是从一个存在于当下又指向未来的"平台型媒体"演化发展取径问题切入，聚焦于媒体的短周期演化，进而关注传媒漫长发展历史中的适应性进化这一长周期演化的核心问题，提出了"媒体平台—平台媒体—智能媒体"这一平台视域下媒体演化长周期路径。作者分析发现，发展中的平台媒体正处于承接了媒体平台化融合实践，又走向智能媒体发展可能性的关键阶段，并日益成为传媒领域中的主流形态。

（二）研究方法得当，论证严密可信。本书的主要研究对象是"平台媒体"，鉴于整体的平台媒体建设实践尚属萌芽阶段，一些平台媒体先行者或处于平台媒体构建探索的初级阶段，或处于媒体平台与平台媒体升级的胶着阶段，并未形成一定的产业规模或统一的行业标准。因此，本书采用了个案研究与深度访谈相结合的研究方法。这是很恰切的。不仅如此，全书的论证体系极其严密。主体内容对作为核心研究对象的平台媒体进行了深度分析之后，借助自组织理论群对"平台媒体"进行剖面分析，将平台媒体作为一个复杂适应性自组织系统而考察其存续条件、核心动力和演化形式，以期发掘影响传媒发展的相关核心变量。然后，再对平台媒体自组织演化构造块进行判断，在肯定自组织的实质即为共同创造的前提之下，从参与者价值创造、组织结构创立、试错规则创建和商业模式创新等维度考察上述自组织理论方法论在平台媒体发展及演化过程中的作用构面。再者，针对平台媒体自组织系统的优化问题，就平台媒体共同治理、平台媒体生态圈构建以及平台媒体文化价值挖掘等方面展开深度思考。最后形成研究结论和展望，集中回答绪论中所提出的几个问题。全书所提出的一系列观点，论证力强，信度极高。

（三）学术创新显著，提出了几个创新点。主要的有：第一，提出了传媒演化进程中"长周期"和"短周期"相互交织、彼此嵌套的观点。演化是传媒本体的基本属性和存在方式。所谓"长周期"强调的是作为人类社会信息传播系统的传媒，在人类历史的长河中不断进化发展的历史周期；所谓"短周期"强调的是长周期演进中的某一类传媒物种样态自身进化的生命周期。结合本书的研究对象来看，一方面，平台媒体是"媒体平台—平台媒体—智能媒体"跃迁链条中不可或缺的一个环节，交织嵌套在传媒演进的大周期之中；另一方面，平台媒体又基于自组织原理而不断进行着自我进化。所以，平台媒体作为一个复杂适应性自组织系统，既是现阶段传媒演化的最优选择，同时也是未来媒体的发展前提。第二，提出了平台媒体自组织演化的动力学机制以及超循环价值共创路径。本书首先将自组织理论引入传媒演化研究领域，用以解释传媒形态变迁的内在机理。自组织理论的研究进路即为将物理/化学普遍原理与生物学现象相结合，并经由哲学思维进行方法论抽象，最终得出研究社会科学的理论基点。从这一理论视角出发，作者对平台媒体的概念进行了体现其动态演化性质的界定：平台媒体是遵照自组织逻辑而演化发展的一种自组织传媒系统。在此基础之上，经由对于技术序参量和技术赋能役使规律的凝练概括，从而大致勾勒了平台媒体自组织演化的动力学机制以及超循环价值共创路径。第三，提出了平台媒体演进的 DNA 图谱。平台媒体作为一个新生事物尚未生成较为完备的样貌形态，但承载其"遗传密码"的 DNA 图谱已然发育成形：开放＋共生＋学习，并支配着平台媒体的持续进化和不断完善。在这一 DNA 图谱的主导之下，平台媒体的内在演化逻辑，可以表达为：真正产生效能的融合允许参与者以自由基的形式自主聚合及自由离散，平台媒体因此呈现出更具适应性的模块化结构，并基于生态化共同治理而不断优化。

作为中国青年学者推出的一部重要的研究专著，这本书在理论层面有助于传媒发展学术理论大厦的构建：从智能传媒本体的视角出发，揭示了传媒演化进程中"长周期"和"短周期"相互交织、彼此嵌套的特质，揭示了平台媒体自组织演化的动力学机制以及超循环价值共创路径，揭示了平台媒体演进的 DNA 图谱，拓展了智能传媒发展理论探索的视野。在实践层面，有助于促进媒体深度融合，可以为建成新型主流媒体、构建全媒体传播体系的实践进程提供学理支持。

当然，这本书也存在一些不足。例如，立足于对传媒本体演进的思考，但对于一部分业者、学者、管理者关注的传媒机构的工具价值实现所涉及的业务变革、经营方式变化、舆论引导途径变动等的一些具体问题则较少涉及，这可能是本书的欠缺。但是，瑕不掩瑜。在中国大举构建全媒体传播体系的今天，分析平台媒体演化这样一个传媒发展的核心问题，不只是具有重大的理论价值和实践指导意义，而且是极富学术挑战性的；这本书作为第一部从自组织理论的视角研究传媒演进的专著，其学术勇气和治学精神是值得肯定的。

"桐花万里丹山路，雏凤清于老凤声。"我期待着，权玺同学以《极目未来媒体：基于自组织理论的平台媒体演化研究》为起点，不断进取，在智能传媒发展研究领域取得更大的学术成就。

二○二一年二月一日

于珞珈山

目　录

第一章　绪　论

媒介未来会怎样？一切皆流，无物永驻。

广义达尔文主义将演化视为生物界与人类社会所共同应循的普遍原理，媒介演化亦是其不可违拗的必然规律。回顾人类传播史，媒介变迁从未停止过，可以毫不夸张地说，演化是媒介本体的基本属性和存在方式，无论是历时性角度下媒介形态的叠加变迁，还是共时性语境中媒介形态的融合迭代，都可以从中窥得演化机制的强大作用力。发展至今，历经数次形态叠加及融合的媒介已日渐成为一个复杂适应性自组织系统，特别是随着社会生态系统的进化，媒介的边界开始逐渐模糊而终将发展成为一个开放的平台型组织，平台媒体应运而生。

平台媒体的出现，顺应了媒介演化的必然规律，是媒介变迁的宏大历程中所必须经历的一个承接媒体平台及孵化智能媒体的关键阶段和重要环节。与媒介系统演化的"长周期"并存的是单个媒介演化的"短周期"，平台媒体自身亦处于持续动态演化进程之中，并作为一个复杂适应性自组织系统而遵循着自组织演化规律。

第一节　研究缘起与问题的提出

一　研究缘起：不可违拗的媒介进化浪潮

（一）技术进化支配媒介进化

回顾人类传播史，技术驱动之下的媒介形态变迁（media-morphosis）从未停止过①。口语媒介、书写媒介、印刷媒介、电子媒介直至数字媒介，科技创新不断催生着新的媒介形式。未来也将如此，"互联网＋"时代的到来，使得持续迭代的大数据、人工智能、云计算、虚拟现实、区块链等数字化新技术加快了从研发到商用的生命周期，也带来了媒介形态的流变。

2016 年 7 月 Gartner 公司发布年度技术成熟度曲线，并由技术点的涌现、波动和位移态势推断出三个关键的技术发展趋势——场景化体验、智能机器时代以及平台化变革②。其中，透明化身临其境体验系技术从一派喧嚣中逐渐回归理性，平台化变革系技术承载着各方的期望而正当时，感知智能机器系技术受到上述两个趋势的牵引处于上升状态（图 1 - 1）。可以看出，一场由技术引发的平台革命正在酝酿。

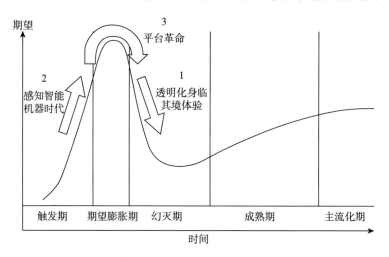

图 1 - 1　新兴技术如何在技术发展曲线上移动

资料来源：三思派：《〈Gartner 2016 年度新兴技术成熟度曲线〉全解读》，2016 年 8 月 17 日。

---

① 罗杰·菲德勒：《媒介形态变化：认识新媒介》，明安香译，华夏出版社，2000，第 3 页。
② 《高德纳技术成熟度曲线（2016）》，http://www.gartner.com/newsroom/id/3412017，2016 年 8 月 16 日。

此后连续数年的 Gartner 技术成熟度曲线中最值得关注的技术涌现无一不是和平台相关联——2017 年的数字化平台①趋势、2018 年的支持生态系统的平台趋势、2019 年的利用共享数字平台的数字生态系统②趋势，虽然以"平台社会"来为之定性尚为时过早，但在从网络技术平台到生态系统平台的跃迁过程中，平台的概念及其应用不断得到拓展，平台型组织的价值亦持续得以加载，并成为未来数字化经济体的主要存在方式。

随着数字化技术之破坏力与创造力的同步释放，其广泛的革命性颠覆作用日益凸显，对于传媒领域来说也不例外。平台经由平台化变革系技术产业的不断完善，业已从一种技术界面和商业模式逐渐演变为一种媒体公司组织结构、一种传媒产业战略决策乃至一种未来媒介融合趋向。

（二）产业环境推动媒介进化

新一轮产业革命孕育着新兴产业和新型业态，融合是其核心要义，并进而驱动了制造模式、组织形态及生产关系的创新。融合不仅仅是指宏观产业经济层面上的信息化和工业化的高度融合，还包括中观行业和微观组织的融合。传媒领域中的媒介融合趋势即为新产业革命在传媒行业及媒体组织中的具体实施，以数字化技术为载体的"互联网＋"新型产业形态使之成为现实。

但是，第二次信息革命以及随之而来的新产业革命对媒介的影响，并未局限于技术要素的层面，而是聚焦于更为深刻的媒介形态的逻辑演变。从外生性因素来看，技术、资本、制度和市场等对媒介发展路径的影响不容小觑，但这些影响均是阶段性的。在上述因素的综合作用下，媒介本体所内生的发展力量，才是真正制约其最

---

① "Hype Cycle for Emerging Technologies，2017"，https：//www.gartner.com/doc/3768572？ref＝SiteSearch&sthkw＝Hype% 20 Cycle% 20 for% 20Emerging% 20 Technologies &fnl＝search&srcId＝1－3478922254，2017 年 7 月 21 日。

② 《高德纳技术成熟度曲线（2019）》，https：//www.gartner.com/en/documents/3956015，2019 年 8 月 6 日。

终走向的根本性要素。

全球化趋势消解了国家之间、市场之间以及行业之间的边界，与此同时，数字化浪潮改变了人类的生活方式和社会的组织结构，在这一过程中，媒介的社会角色和信息功能亦发生了质的变迁。基于此，"平台"概念开始被引入媒介场域，从最初的双边市场商业模式到后来的规模化传播渠道再到现今的产业组织形式，从"媒体平台"到"平台媒体"，传媒领域中的"平台"已经由单一的经济生产方式内化为一种媒介形态演化理念，彻底改写了媒体的内容生产、产品分发、资源整合等运行逻辑，并将成为现阶段媒介演化的主流形态。

（三）平台现实支持媒介进化

数字时代的经济结构正在发生重大改变，并由此引发了产业组织变革的"摩尔定律"，这种基于数据流的增长循环即为平台，谁掌控了平台，就掌控了供求链，谁就是标准的树立者，就能在所有的交易中分一杯羹[1]。在数字技术的支持下，平台成为引领和控制行业的手段[2]。平台经济发展迅速：以市值计算，2015 年全球最有价值的公司中，有众多平台公司，仅前 10 名中就有 5 家：苹果、微软、谷歌、亚马逊和 Facebook[3]；至 2016 年底，十大平台经济体市值超十大传统跨国公司[4]。由平台型互联网公司所引领的"平台化变革"之飓风，逐渐席卷全球各个角落，不同行业、不同规模、不同相面、不同地域的各类组织都开始或主动试水或被动参与至这一浪潮之中，传媒领域亦不可避免。

---

① 托马斯·舒尔茨：《Google：未来之镜》，严孟然等译，当代中国出版社，2016，第 286 页。
② 尼克·斯尔尼塞克：《平台资本主义》，程水英译，广东人民出版社，2018，第 101 页。
③ 朱峰、内森·富尔：《4 步完成从产品到平台的飞跃》，http://www.hbrchina.org/ 2016-11-10/4728.html，2016 年 11 月 10 日。
④ 以 2016 年 12 月 23 日价格计算。阿里研究院：《数字经济 2.0》，数字经济系列报告之一，2017 年 1 月。

平台的基本属性具有显著的媒介化倾向，与此同时，平台进化与媒介演化有着鲜明的趋同性，因此，平台与媒介高度契合。尽管"平台"这一概念对于传媒经济学而言并不陌生，"平台"作为一种发展战略在传媒产业实践中也并不鲜见，但真正触及传媒领域之根本的急剧变革则是新的平台型媒体的出现和扩散。

2016年3月1日，腾讯发布打造媒体共赢生态圈之"芒种计划"①，提出：将会开放四方面的能力给我们的伙伴，流量的开放、内容生产能力的开放、用户的连接和商业变现能力的开放②。2017年2月28日，腾讯芒种计划2.0发布，直指让"平台之丰"造就"内容之疯"。腾讯公司副总裁黄海在发布会上提出，腾讯企鹅媒体平台将充分利用全平台分发优势和媒体基因，帮助内容创作者展现锋芒，亦即发挥平台的优势，塑造可持续的、共同繁荣的内容生态③。2018年9月30日，腾讯启动新一轮整体战略升级，成立平台与内容事业群（PCG），并将其列入新组织架构六大事业群之一④，此举使得腾讯作为"一家以互联网为基础的平台公司"的发展定位更加清晰。2020年1月3日，腾讯信息流内容服务品牌腾讯看点宣布推出四项扶持政策：看点春雨计划、看点天梯计划、看点聚星计划和看点MCN星推计划，致力于激活平台创作生态⑤，以期更好地实现"用户—作者"双向赋能的平台效应。

媒体巨头的发展战略，从实践层面验证了：平台媒体是媒介形态发展的必然阶段。而未来的未来，从技术创新到思想创生，媒介

---

① 《腾讯发布芒种计划，打造媒体共赢生态圈》，http://news.qq.com/a/20160301/047256.htm，2016年3月1日。

② 《腾讯芒种计划：造新兴趣推荐产品提供四个开放能力》，http://news.qq.com/a/20160301/051188.htm，2016年3月1日。

③ 全媒派：《腾讯芒种计划2.0加码12亿：让"平台之丰"造就"内容之疯"》，2017年3月1日。

④ 《腾讯启动战略升级：扎根消费互联网，拥抱产业互联网》，https://tech.qq.com/a/20180930/001273.htm，2018年9月30日。

⑤ 《腾讯看点"千亿流量，30亿现金"首批扶持政策重磅发布，共建优质内容生态》，https://xw.qq.com/cmsid/TEC2020010304278700？ivk_sa=1023197a，2020年1月3日。

发展将由形态的改变进化为生态的衍化。2025 年前后，以智能媒体为中心的智慧媒介生态，将成为可能。

（四）政府规制鼓励媒介进化

党的十八大以来，以习近平同志为核心的新一届中央领导集体高度重视互联网发展和新媒体建设。政府及行政层面关于媒介融合发展的相关规制，从另一个侧面证明了中国语境下的媒介进化也应以平台作为主要切入点。

党和国家领导人多次强调媒体格局、舆论生态、受众对象、传播技术都在发生深刻变化，现已进入媒介融合新阶段。2014 年 8 月 18 日，习近平总书记在中央全面深化改革领导小组第四次会议上发表了关于媒体融合发展的重要讲话，他强调"坚持先进技术为支撑、内容建设为根本，推动传统媒体和新兴媒体在内容、渠道、平台、经营、管理等方面的深度融合"。会议通过了《关于推动传统媒体和新兴媒体融合发展的指导意见》，体现了党对新闻传播规律和新兴媒体发展规律的深刻把握，并成为引导未来媒介发展趋向的纲领。

2019 年 1 月 25 日，习近平总书记在十九届中央政治局第十二次集体学习时发表题为《加快推动媒体融合发展 构建全媒体传播格局》的讲话，指出：推动媒体融合向纵深发展，要抓紧做好顶层设计，打造新型传播平台。在移动互联网已经成为信息传播主渠道的背景下，更应建设好自己的移动传播平台。通过流程优化、平台再造，实现各种媒介资源、生产要素有效整合，实现信息内容、技术应用、平台终端、管理手段共融互通，催化融合质变，放大一体效能，打造一批具有强大影响力、竞争力的新型主流媒体。

可以看出，媒体融合的制度安排主要落实在对"新型主流媒体"、"新型媒体集团"和"全媒体传播体系"的期许之上。这种融合不能停留在从"我和你"发展为"你中有我和我中有你"——实践证明这种浅表融合不能解决新旧媒介的基因冲突，也未能调和新旧媒体的组织差异。真正的融合应该是"你就是我和我就是你"，而实现传统媒体与新兴媒体深度融合的媒介形态必然是平台型媒体。

政府和相关行政主管部门一方面以制度规制的形式肯定了平台媒体的合法性，另一方面又以行政权威的方式为其提供了必要的资源保障。

二 问题的提出：研究对象及研究预设

对于未来媒体的想象，来自对于今日媒体之现况的思辨及其发展取径的预判。本书旨在极目未来媒体，以新近出现并渐成主流的"平台媒体"为主要研究对象，在勾勒其本质特征的基础之上，通过剖面分析"平台媒体"作为一个复杂的自组织系统的存续条件、核心动力和演化途径，生成媒介自组织演化的影响要素及其作用机制，力图由此解释媒介发展演进的基本路径，并对媒介未来发展方向做出学理性预判。

有鉴于此，本书初步拟定的应循路径（图1-2）为：描述平台媒体究竟是什么？探究这一切从何而来？以及更为重要的是，预判其将去往何处？亦即首先回答"是什么"的问题。"平台媒体"尚属于一个新兴概念，通过对其内涵及外延的界定，梳理出平台媒体的历史渊源和本质特征，从现象层面为进一步探究其演化的内在规律积累资源。其次解决"为什么"的问题。平台媒体是一个复杂性自组织系统，其发展历程遵循着自组织演化的基本规律。借助社会物理学自组织理论，剖析平台媒体存续条件、核心动力、主要形式、演化途径和时空构造，并进一步解释其运行逻辑，从理论层面形成对媒介发展规律的基本认知。最后预判"会怎样"的问题。尽管对于未来的期望和猜想，没有统一的标准答案，但以史为鉴，我们将看到，塑造我们未来的力量实质上就是曾经塑造我们过去的力量①。

对于媒介形态变迁，一个不容否认的认知基点为：演化是媒介本体的基本属性和存在方式。以此为基准，进而推演出本书的研究

---

① 罗杰·菲德勒：《媒介形态变化：认识新媒介》，明安香译，华夏出版社，2000，第6页。

图 1 - 2　研究的应循路径

预设——在媒介演化历程中，"长周期"和"短周期"相互交织、彼此嵌套。一方面，平台媒体是"媒体平台—平台媒体—智能媒体"进化链条中不可或缺的一个环节；另一方面，平台媒体又基于自组织原理而不断进行着自我进化。

人类传播系统事实上是一个复杂的、有适应性的系统，传播的每一种形式都会受到系统内部自然发生的自组织过程的影响。正像物种进化是为了在一个不断改变的环境里更好地生存一样，各种形式的传播和现存的媒介企业也必须这样。这一过程是媒介形态变化过程的精髓①。

传统媒体的发展是阶段性的，因此每一种新的媒介总会取代（至少是部分取代）旧媒介而成为占据主导地位的主流媒体。而新媒体的发展是迭代式的，尽管每一种新媒介形态的生命周期相对缩短了，但基于技术创新的升级和更新的过程永不停止。这也给未来媒体的自组织演化带来了无限的可能。

媒介自组织形态的变迁（图 1 - 3），经历了从"早期形态——媒体平台"到"中期形态——平台媒体"直至"未来形态——智慧媒体"的历程，且这一演进过程将沿着时间维度永恒地创生下去，我们需要完成的就是将媒体视为一个"有机体"，将自组织理论的基本原理映照在媒介形态的实然性演进历程中，窥见其中应然性的共同规律，从而在构建新型主流媒体的过程中能够更好地捕捉到可能的发展机遇。

---

① 罗杰·菲德勒：《媒介形态变化：认识新媒介》，明安香译，华夏出版社，2000，第 24 页。

图 1-3　媒介自组织系统的变迁

第二节　研究方法、研究思路及研究意义

一　研究方法

（一）个案研究

本书的主要研究对象是"平台媒体"，鉴于平台媒体实践尚属萌芽阶段，一些平台媒体先行者不是处于平台媒体的初级阶段，就是处于媒体平台与平台媒体的胶着阶段，未形成一定的产业规模或统一的行业标准。因此，研究中拟采用个案研究的方法，对现阶段初创平台媒体的基本情况进行描述性分析，并最终完成案例到案例的迁移概化，即从理论出发到个案，再回到理论，是建立在已有理论基础上的理论修正、检验或创新[①]。

巴比（Earl Babbie）认为，个案研究是对某现象的例子进行深度检验，个案研究的主要目的可能是描述性的，而对特定个案的深入研究也可以提供解释性的洞见[②]。衡量个案研究的价值，并不在于要以个案来寻求对于社会之代表性和普遍性的理解，而是要以个案来展示影响一定社会内部之运动变化的因素、张力、机制与逻辑，通过偶然性的揭示来展示被科学实证化研究轻易遮蔽和排除掉的随

---

① 卢晖临、李雪：《如何走出个案：从个案研究到扩展个案研究》，《中国社会科学》2007 年第 1 期。
② 转引自陈涛《个案研究"代表性"的方法论考辨》，《江南大学学报》（人文社会科学版）2011 年第 3 期。

机性对事件过程的影响案例①。

在个案样本的选择上，本研究拟采用序贯抽样法，即并不事先规定总的抽样个数，而是在前一个样本的基础之上选择后一个样本，如此反复直至饱和，从而能够更准确地了解研究对象。

（二）深度访谈

本书将研究视线投向了对于媒介形态未来发展方向的研判。对于这一命题的理解存在着显著的个体差异，因此，单纯就传媒领域KPI走势来进行分析，虽然可以预测未来一段时间内已有媒介的发展态势，但不足以揭示影响媒介发展的各要素之间的作用机理，遑论发觉新生的媒介形态。因此，需要引入质化研究中的深度访谈法来发现并追究相关问题。

"访谈"是一种研究性交谈，是研究者通过口头谈话的方式从被研究者那里收集（或者说"建构"）第一手资料的一种研究方法②。质的研究方法在研究初期往往使用开放型访谈的形式，了解被访者关心的问题和思考问题的方式；然后，随着研究的深入，逐步转向半开放型访谈，重点就前面访谈中出现的重要问题以及尚存的疑问进行追问③。所谓深度访谈，学界所指的主要就是半结构式的访谈（semi-structured depth interview）④。

在访谈样本的选择上，本研究采用目标式抽样⑤，拟选择5位左右在平台型媒体（至少是准平台型媒体）担任高层职务的受访对象。他们位居媒体一线，对于媒介发展演化具有最切身的感受和最直观的认识，对其采取半结构式深度访谈，能够获得有据可依的价值判断，从而为研究中进一步的理论分析留下了解释空间。

---

① 吴毅：《何以个案 为何叙述——对经典农村研究方法质疑的反思》，《探索与争鸣》2004年第4期。
② 陈向明：《质的研究方法与社会科学研究》，教育科学出版社，2000，第165页。
③ 陈向明：《质的研究方法与社会科学研究》，教育科学出版社，2000，第171页。
④ 杨善华、孙飞宇：《作为意义探究的深度访谈》，《社会学研究》2005年第5期。
⑤ 目标式抽样，其选择观察和访问的对象是以研究者个人判断为主的，以对象的有效性和代表性为判断标准。

二　研究思路与基本结构

遵循着依照媒介进化规律而预设的研究路径，本书的主要研究思路及技术路线设计（见图1-4）如下。

第一章是绪论，在介绍研究背景及意义的基础之上明确研究问题、选择研究方法并规划相应的技术路线，进一步通过界定核心概念以及梳理核心概念之间的逻辑关系从而明晰拟使用的理论资源，并对上述相关问题的国内外研究现状进行述评，意在发现最有价值的切入点。

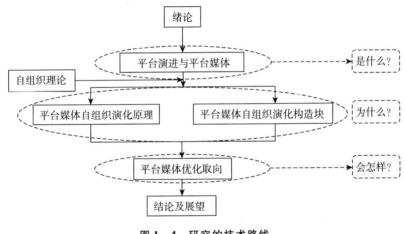

图1-4　研究的技术路线

第二章是对核心研究对象的深度分析，经由对传媒领域中"平台"演进的历史观照，结合现实案例清晰勾勒平台媒体的基本概念、本质特征及DNA图谱，并解释平台媒体创生的渊源以及它与媒体平台及智能媒体之间的必然关系。

第三章是借助自组织理论群对平台媒体进行剖面分析，将平台媒体作为一个复杂适应性自组织系统而考察其存续条件、核心动力和演化形式，以期发掘影响媒介发展的相变因素。

第四章是对平台媒体自组织演化构造块的判断，在肯定自组织的实质即为共同创造的前提之下，从参与者价值创造、组织结构创立、试错规则创建和商业模式创新等维度考察上述自组织理论方法论在平台媒体发展及演化过程中的作用构面。

第五章是就平台媒体自组织系统的优化问题而展开的关于平台媒体共同治理、平台媒体生态圈构建以及平台媒体文化价值挖掘等方面的思考。

最后是结论及展望，主要回答在研究伊始所提出的问题。

三 理论价值及现实意义

基于自组织理论的平台媒体演化研究，具有一定的理论价值和现实意义。一方面，将发轫于自然科学的自组织理论引入传播学研究范畴，极大地拓展了其理论创建的空间。未来，社会科学之"学科的进化"将通过与自然科学的融合而实现①，传播学也不例外。一直以来，社会学、经济学、政治学、人类学和心理学等老牌人文学科是传播学理论研究的主要源泉，可以毫不夸张地说，每一个传播学经典理论的提出都源自上述学科对于传播学的交叉研究，但是社会科学自身的因循守旧使得传播学理论发展陷入长期停滞，遑论实现基于数字化技术逻辑的理论建树。如何摆脱限制传播学理论创建的桎梏？笔者认为需要从不断进化的自然科学领域中寻求方法论指引。本研究创建性地将自组织理论代入媒介形态变迁研究，在明确界定平台媒体是一个复杂适应性自组织系统的基础之上，依照其理论资源和分析框架来剖析平台媒体演化的动力机制和创生原理，以期为数字化技术语境下传播理论的创新和研究视野的拓展提供更多的可能。

另一方面，平台媒体是现阶段媒介发展的必然选择，也是对"媒介融合背景下新型媒体集团建构"这一现实命题的最优例说。重新定义媒体已不仅是学者们的一种学理思考，更是出于传媒产业边界消弭和媒介生态系统重构之真实现状的实际要求。在传统的传媒

---

① Nicholas A. Christakis, "Let's Shake Up the Social Sciences", *The New York Times*, 2013 - 07 - 21.

产业利益相关者之外，由技术和资本所催生的多元化参与者能够自主参与并自由退出；传统新闻生产模式中由 PGC 主导的内容生产方式越来越多地受到 UGC 的冲击和挤压；如此种种。传媒产业的核心经营活动和核心资产均发生了显著而重大的价值飘移——平台取代内容而成为传媒产业的核心资产，以及平台运营取代内容发布而成为传媒产业的核心经营活动——平台媒体应运而生。本研究以平台媒体为主要研究对象，通过剖析其 DNA 图谱、演化原理、基本构造块和未来优化趋势，将平台媒体视为媒介融合背景下构建新型媒体集团的一个实然性取向，从而基于现实语境而对未来媒介发展做出一个相对合理的预判。

第三节 核心概念的抽取与界定：平台、演化及平台媒体

本书所聚焦的核心概念为"平台媒体"，以及与之密切相关联的"平台"和"演化"。三者之间的逻辑关系如下：首先，传媒领域中的平台演进，与媒介自身的演化有着高度的趋同性，以至于二者基本上是同步的；其次，将平台概念引入传媒领域，诱发了媒介生态的变革，而平台媒体是现阶段媒介形态演化的最优选择。

一 平台

平台，最初作为一种经济现象而被认知。回顾人类经济史，在绝大多数商业活动中，几乎都可以寻觅到平台的踪迹。因此，对于"平台"概念的界定，原初也多出自经济学视角。平台表现为一种交易空间或场所，可以存在于现实世界，也可以存在于虚拟网络空间，该空间引导或促成双方或多方客户之间的交易，并且通过收取恰当的费用而努力吸引交易各方使用该空间或场所，最终追求利益最大化[①]。

---

① 徐晋：《平台经济学——平台竞争的理论与实践》，上海交通大学出版社，2013，第 76 页。

"平台"是指在平等的基础上，由多主体共建的、资源共享、能够实现共赢的、开放的一种商业生态系统。平台模式的精髓，在于打造一个多主体共赢互利的生态圈①。平台是一种实现双方（或多方）主体互融互通的"通用介质"（标准、技术、载体、空间等），它能够实现需求力规模经济和供给力规模经济的对接②。平台商业模式指连接两个（或更多）特定群体，为他们提供互动机制，满足所有群体的需求，并巧妙地从中赢利的商业模式③。可以看出，这里的平台概念，更侧重于对双边市场利益的满足。

随着"平台"认知的深入，对平台的理解逐渐挣脱了经济学范式的束缚——人的身体是一个多功能的物理平台④，以及平台是数字化的基础设施，使两个或两个以上的群体能够进行互动⑤。实际上，"平台"的兴盛主要源自计算机应用程序的蓬勃发展，而今"平台"的含义已经由信息技术领域的基础设施，延展为一个提供联系、可资发言或助力行动的"架构"，且这一释义业已被诸多平台利益攸关方广泛认可⑥，Facebook、亚马逊、Twitter、Instagram 以及腾讯、今日头条等一众互联网平台公司的成功正是基于"平台架构"体系。来自新英格兰微软研究院的塔尔顿·吉莱斯皮教授认为"平台"是一个服务于其他隐喻的隐喻，在"平台革命"（platform revolution）的作用之下，一个涵盖了"平台资本主义"（platform capitalism）和"平台合作主义"（platform cooperativism）的全新的"平台社会"

---

① 赵大伟：《互联网思维独孤九剑》，机械工业出版社，2014，第 23 页。
② 黄升民、谷虹：《数字媒体时代的平台建构与竞争》，《现代传播》2009 年第 5 期。
③ 陈威如、余卓轩：《平台战略——正在席卷全球的商业模式革命》，中信出版社，2013，第 17 页。
④ 克劳斯·布鲁恩·延森：《三重维度的媒介：传播的三级流动》，《东南学术》2015 年第 1 期。
⑤ 尼克·斯尔尼塞克：《平台资本主义》，程水英译，广东人民出版社，2018，第 50 页。
⑥ Tarleton Gillespie, "The Platform Metaphor, Revisited", August 24, 2017, http://culturedigitally. org/2017/08/platform - metaphor/.

（platform society）正在来临①。

"平台"所指的泛化，使之开始在其他领域受到关注，并实现了从商业模式到组织结构再到发展战略的理念跃迁。传播学视域中的平台思维亦然。早在20世纪90年代尼葛洛庞帝（Negroponte）就提到"平台"概念。他将数字化生存概念与平台联系，认为数字化是为存在和活动于现实社会的人提供进行信息传播和交流的平台，而这个平台是一种近乎真实的虚拟空间②。"平台"即以互联网技术为基础形成的虚拟空间，这个空间能够同时满足多方主体的需求，多方主体分工合作，资源互补，从而实现增值和利益最大化。平台的3个关键词：一是虚拟空间，二是多方主体，三是共赢③。平台是一个基于网络而形成的自组织经营系统④。平台可以包含渠道，但比渠道的含义更广，它不仅包括技术上的通道，更包含人与人的关系⑤。平台是在两个或多个不同群体间建立联系并让他们能够直接交流的中介⑥。发展至今，平台的双边市场网络效应这一基本作用机制依然存在，但其应用范围由交易平台扩展到了内容平台、关系平台、信息平台、服务平台乃至综合平台等。对应着"平台"从商业模式到组织结构直至发展战略的理念跃迁，平台模式在传媒领域中的应用，也分别经历了媒体平台和平台媒体两个阶段。

二 演化

演化，是物种得以存续的必然选择。与生物界一样，作为一个

---

① Tarleton Gillespie, "The Platform Metaphor, Revisited", August 24, 2017, http://culturedigitally. org/2017/08/platform - metaphor/.

② 喻国明、何健、叶子：《平台型媒体的生成路径与发展战略——基于 Web 3.0 逻辑视角的分析与考察》，《新闻与写作》2016 年第 4 期。

③ 叶秀敏：《平台经济促进中小企业创新》，阿里研究院：《平台经济》，机械工业出版社，2016，第 26 页。

④ 吕尚彬、戴山山：《"互联网 +"时代的平台战略与平台媒体构建》，《山东社会科学》2016 年第 4 期。

⑤ 彭兰：《从"内容平台"到"关系平台"》，《新闻与写作》2010 年第 5 期。

⑥ 朱峰、内森·富尔：《四步完成从产品到平台的飞跃》，《哈佛商业评论》2016 年 4月，http://www. hbrchina. org/2016 - 04 - 06/3986. html。

复杂群体系统（complex population systems）的人类社会也遵循着演化这一普遍规律。在人类社会的演化过程中，广义的达尔文主义（Darwinism）① 作为一个一般化原理（或称为"元理论"），致力于将生物学领域的变异、选择与遗传这些基本概念转译/转化为剖析社会演化的科学哲学元理论基础——创新、选择与复制，从而为社会进化提供了一个具有建设性的思考维度。因此，虽然生物演化和社会演化存在着明显的不同，但社会系统的组织结构、经济机制、制度选择等无一不遵循着基本的演化逻辑。

需要注意的是，尽管人类社会同样是演化的，但社会演化和生物演化的主要差异在于其演化机制是以不同的方式来表达的。正如双遗传理论所极力强调的"基因文化协同演化"——文化和基因的演变既相互独立又相互依赖，真正要跨越社会演化与生物演化之间的鸿沟，广义的达尔文主义仅仅提供了关于演化过程的一般性理解和分析框架，尚不足以描绘所有细节上的差异。学者们普遍认为：达尔文主义的三个演化机制只是一个抽象的演化原则，并不描述具体的演化过程，而对具体演化过程的描述必须结合其他辅助理论来实现②。也就是说，针对具体的社会情境，则需要从与达尔文主义的逻辑框架相一致的其他辅助性理论来寻求答案。自组织理论正是作为达尔文主义的延伸或补充而存在的，它涉及一个个体发生的进化过程③，对于理解跨越多重组织的复杂系统演化大有助益。

媒介形态的演化亦然。回顾人类传播史，媒介变革从未停止过，可以毫不夸张地说，演化是媒介本体的基本属性和存在方式，无论是历时性角度下媒介形态的叠加变迁，还是共时性语境中媒介形态

---

① 达尔文主义是理解复杂群体系统演化过程的一般理论框架，它包括对个体单位复制者指令的遗传，复制者和互动者的变异，以及群体中由此产生的互动者的选择过程。

② 黄凯南：《演化经济学理论发展梳理：方法论、微观、中观和宏观》，《南方经济》2014 年第 10 期。

③ Geoffrey M. Hodgson、Thorbjørn Knudsen：《达尔文猜想：社会与经济演化的一般原理》，王焕祥等译，科学出版社，2013，第 49~54 页。

的融合迭代，都可以从中窥得演化机制的强大作用力。

对照广义达尔文主义的一般性理论框架以及聚焦于一个特定有机体的自组织理论资源，媒介演化同样表现为"长周期"和"短周期"两条演化路径"自然的结合"。具体表现为：一方面，平台媒体是"媒体平台—平台媒体—智能媒体"跃迁链条中不可或缺的一个特定的演化阶段；另一方面，平台媒体又作为一个复杂适应性自组织系统而不断进行着自我进化。

三　平台媒体

平台媒体是传媒领域中平台型组织的新生代。作为前后相继的媒介组织形态，媒体平台和平台媒体在学理上属于创生关系，在实践上处于胶着状态。

关于媒体平台，在既有的传播语境和研究视野之下，其"平台"概念的提出一直与媒介融合的趋势密不可分。从传媒分工和产业功能来看，媒介平台扮演的是综合服务提供商的角色。基于组织管理和传媒经济的媒介平台理论给解决媒介融合方式提供了一种全新而有效的思路[1]。因此，建设生态级媒体平台是打造新型主流媒体的基本路径[2]。作为传播技术进化的伴生物，对于媒体平台的认知，必然不能脱离技术场域的作用力。新兴媒体是指以计算机为技术支持、以互联网为传播载体的新媒介组织，其媒介组织形态我们叫作媒介平台[3]。

以平台经济范式为基础，媒介平台是一种集成传媒产业链中各个模块的中间性组织，它通过权威机制和价格机制来协调内部生产、

---

[1]　谭天：《媒介平台论——新兴媒体的组织形态研究》，中国人民大学出版社，2016，第35页。

[2]　宋建武、陈璐颖：《建设区域性生态级媒体平台——打造新型主流媒体的路径探索》，《新闻与写作》2016年第1期。

[3]　谭天：《媒介平台论——新兴媒体的组织形态研究》，中国人民大学出版社，2016，第28页。

组织产业分工和开展多边市场交易①。可以看出，媒体平台概念的提出和运营实践，多出自媒介经济学理论及其实践，是对于媒介经济范畴的规模经济和范围经济的一种呼应。除此之外，通过某一空间或场所的资源聚合和关系转换为传媒经济提供意义服务，从而实现传媒产业价值的媒介组织形态叫做媒介平台②。也就是说，媒介平台不仅是一个资源的聚合器，还是一个关系的转换器③。资源聚合器指的是经济学视角下"平台"的本源，而关系的转换器则是从传播学与社会学及经济学的交叉视角思考了"平台"与"关系"的勾连。

与"媒体平台"追求形式上的融合不同的是，"平台媒体"试图实现的是真正意义上的协同。"平台型媒体"的存在逻辑在于：由转载、发布的"媒体平台"，逐渐向整合、原创的"平台媒体"转变。"媒体平台"侧重平台和技术，更加强调汇聚和展现的价值；"平台媒体"则更加侧重信息和服务，更加强调内容和选择的价值④。

平台媒体（platisher）一词的出现是作为 platform 和 publisher 的合成词而提出的。对于"平台媒体"的定义尚未形成共识，目前可考的最初概念将其界定为既拥有媒体的专业编辑权威性，又拥有面向用户平台所特有开放性的数字内容实体⑤。也就是说，如果一个媒体试图在自身编辑和策展内容的同时，提供开放式内容生产工具的话，即为平台媒体⑥。

但是，绝大多数学者都意识到平台媒体形塑过程中的主导性力

① 谭天：《基于关系视角的媒介平台》，《国际新闻界》2011 年第 9 期。
② 谭天：《基于关系视角的媒介平台》，《国际新闻界》2011 年第 9 期。
③ 谭天：《媒介平台论——新兴媒体的组织形态研究》，中国人民大学出版社，2016，第 35 页。
④ 张志安、曾子瑾：《从"媒体平台"到"平台媒体"——海外互联网巨头的新闻创新及启示》，《新闻记者》2016 年第 1 期。
⑤ 喻国明：《互联网是一种"高维"媒介——兼论"平台型媒体"是未来媒介发展的主流模式》，《新闻与写作》2015 年第 2 期。
⑥ Lydia Laurenson，"Don't Try to Be a Publisher and a Platform at the Same Time"，*Harvard Business Review*，January 19，2015.

量已经由媒体转向科技企业，平台媒体打破了媒体的边界，拥有技术专长的互联网企业和科技公司开始寻求与传统意义上媒体的合作①，基于此，平台型媒体是指技术平台公司把恰当的算法技术与专业的编辑运作结合起来在内容生产与分发方面产生新能量的传媒形态②。

发展至此，技术在平台媒体形成及运行过程中的主导性支配力量越来越凸显，甚至能够左右其未来形态及演化趋向。平台型媒体是互联网技术发展到成熟、高级阶段，技术应用与内容生产之间的一次高水平的自然融合。从根本上讲，所谓平台型媒体，就是某一种主流的互联网应用，与内容生产体系有机结合之后所产生的媒体界面。这意味着，不同的互联网应用与不同媒体的结合，会产生不同的平台型媒体，形态各异③。有鉴于此，移动互联网语境中的平台媒体被予以新的定义：平台型媒体，是依托热门互联网应用或海量用户基数，拥有开放内容生产体系（UGC），以专业编辑机制与算法推荐机制相结合的数字内容生产、聚合、分发体系④。

由此可见，对于平台媒体的观照，已不仅仅局限于经济学范式中的双边市场理论和平台经济理论，而是拥有更为广阔的研究视野。在上述理论前提之下，发源于社会物理学的"自组织理论"理应被纳入平台媒体演化的研究视线，从而据此提出了本书所聚焦的平台媒体概念：平台媒体是遵照自组织逻辑而演化发展的一种复杂适应性自组织媒介系统。从结果上来看，平台媒体是基于平台战略而形成的自组织在线社会信息传播系统，其本质呈现出自组织形态；从

① 张志安、曾子瑾：《从"媒体平台"到"平台媒体"——海外互联网巨头的新闻创新及启示》，《新闻记者》2016 年第 1 期。
② 王斌、李峰：《平台型媒体的运营模式分析——以新闻聚合网站 BuzzFeed 为例》，《新闻战线》2015 年第 15 期。
③ 杰罗姆：《中外互联网巨头重新定义"平台型媒体"》，http://jerome. baijia. baidu. com/article/444616，2016 - 05 - 10。
④ 杰罗姆：《中外互联网巨头重新定义"平台型媒体"》，http://jerome. baijia. baidu. com/article/444616，2016 - 05 - 10。

过程上来看，平台媒体的存续条件、核心动力和发展路径等无一不遵循自组织演化规律。

第四节　勃兴的研究旨趣与跨学科研究视野

一　"平台媒体"研究现状

（一）国外研究综述

在 WOS 上以"platisher"和"platform press"为关键词的针对性研究成果极少，拓展问题对象之后以"media platform"（或含"platform media"）为关键词进行主题搜索，共获取有效文献 972 篇[①]。总体来看，国外研究中的"media platform"往往专指"social media platform"，这不仅仅是因为平台的能量在社交媒体领域得到了淋漓尽致的展现，且社交媒体亦借助平台模式开创了一个时代，更为重要的是在相关研究者看来：平台与社交媒体之间有着相像性的联结，而社交媒体的核心任务就是根据业已确定的平台预设和基于平台建构的用户连接来规划、组织和传递信息[②]。

国外研究者多采用案例分析的方法，研究基于 Facebook、Twitter、Snapchat、YouTube、Sina Weibo、WeChat 等社交媒体平台的信息传播活动及其影响，例如分析社会化媒体平台在医疗、选举、女权、教育、社群、营销等领域的使用情况（social media use）与应用策略（strategies）等。同时，研究者还关注到了社交媒体平台自身的用户地图、算法技术、传播机制、知识共享、公民参与、隐私保护、投资管理、商业运营和平台治理等问题。但相关研究基本上沿袭了一贯的研究视域，即以问题导向型研究居多，辅之以对策建议型研究，而鲜见理论阐释性研究和价值思辨性研究，这一趋势与西

[①] 截止日期：2020 年 1 月 1 日。

[②] Tarleton Gillespie, "The Platform Metaphor, Revisited", August 24, 2017, http://culturedigitally. org/2017/08/platform － metaphor/.

方传播学一直以来的应用研究取向基本吻合。

国外传播学专业领域中比较具有代表性的"platform"研究，首推哥伦比亚大学新闻学院数字新闻中心（The Tow Center for Digital Journalism at Columbia Journalism School）① 的"Platforms and Publishers"研究项目。该研究团队在深入探查了 Apple News、Facebook、Twitter、Google、Instagram、LinkedIn、Pinterest、Snapchat、YouTube 等平台公司以及 CNN、《纽约时报》、《华尔街日报》、《芝加哥论坛报》、BuzzFeed 等新闻机构之后，以时间轴的方式连续发布了 *THE PLATFORM PRESS*：*How Silicon Valley Reengineered Journalism*（2017 – 03）、*FRIEND & FOE*：*The Platform Press at the Heart of Journalism*（2018 – 06）、*PLATFORMS AND PUBLISHERS*：*The End of an Era*（2020 – 03）系列报告。研究者从传媒领域中的平台实践入手，将"the platform press"作为主要目标对象，以半结构式访谈、参与式观察以及问卷调查的方法连续考察了技术平台和新闻媒体在传媒平台生态系统中的融合趋势以及二者关系的不对等现状——新闻机构受到了用户显著增长的诱惑，同时也陷入了品牌影响力衰减、受众数据匮乏和广告收入流失的困境；平台公司对于新闻业的参与度与日俱增，但其规模化结构及共享性机制极大地冲击着新闻价值，算法依赖背后蕴藏着隐私泄露与偏见隐患等争议，平台方否认其媒体立场以逃避承担与新闻相关的社会责任。尽管如此，"新新闻生态"系统中二者的融合正持续而快速地推进着，由平台主导的"不平等伙伴关系"成为彼此关系状态的新定位，而二者之间原本就模糊的界限正在日渐消除。从上述系列报告的研究结论中可以看出，"变现"是促成平台媒体诞生并壮大的主要驱力，同时也是双方争夺新闻业态主导权的关注焦点，更是影响未来传媒生态取径的核心变量。

对于"media platform"相关研究成果的题目、摘要和关键词进行词频分析，可以看出，在作为研究案例的科技平台和传媒集团之

---

① https：//tow. cjr. org/platform – timeline/#，2020 – 03 – 06.

外，"多媒体"（across multiple）、"跨平台"（cross-platform）、"多方利益相关者"（multi-stakeholder）、"混杂边界"（hybridized boundary）等是与 platform 相伴生的另一组高频词，并由此形成了对于"跨媒体"（transmedia）、"全媒体平台"（all media platform）、"共享平台"（sharing platform）等一众尽管称谓多样但形式雷同的 social media platform 的探讨。在这一逻辑之下，亦逐渐凝练出"合并"（merge）、"整合"（integration）以及"融合"（convergence）研究指向，"正向溢出"（positive spillover）[①]、"利好互补市场"（benefit the complementary market overall）和"共同治理"（co-governing）成为"平台生态系统"（platform ecosystem）的价值实现方。总的来说，这种研究转向与裹挟着互联网科技巨头以及新闻出版大鳄采取平台化发展策略的媒体融合洪流亦不谋而合。

尤为值得注意的是，WOS 上以中国社交媒体平台新浪（Weibo）和腾讯（WeChat）等作为案例的研究成果（Evidence from China）与关于 Facebook、Twitter 等社交媒体平台的研究业已形成分庭抗衡之势，可以预见的是：未来，随着国内平台媒体的崛起，媒介发展及其形态研究将不再是西学东渐，而会出现东学西渐的局面。

（二）国内研究综述

1. 文献计量学分析

鉴于国内学者们在早期研究中将"平台媒体"、"媒体平台"、"平台媒介"和"媒介平台"等概念混杂使用，对于相关研究对象的表述尚未形成统一的学术规范，因此，为保证文献资料的全面性，分别使用上述四个关键词进行文献的主题检索（包含篇名检索、关键词检索和摘要检索），共获取有效文献 10519 篇[②]。

最早的一篇学术研究成果发布于 1997 年。初期的研究成果多表

[①] Zhuoxin Li, and Ashish Agarwal, "Platform Integration and Demand Spillovers in Complementary Markets: Evidence from Facebook's Integration of Instagram", *Management Science*, 63（10），2017，pp. 3438 – 3458.

[②] 截止日期 2020 年 1 月 1 日。

现为对于作为介质的"媒体平台"的引介式说明，仅仅停留在介绍这一新鲜事物的层面，未能就其机理进行进一步的阐释，但研究者们敏锐地发现了"媒体平台"广阔的发展前景，并准确预测了基于"媒体平台"的未来媒体发展形态。自 2001 年起开始出现了学理意义上对于"媒体平台"的思考，此后，应循着传媒产业发展趋势和媒介技术进化逻辑，"平台"日渐成为传播学研究的一个热点话题，并开始显露出专业化和广域性的特征。

具体到科研文献本身，传媒领域中的"平台"研究历经数十年的躬耕，无论是研究者的数目还是研究成果的数量都取得了显著提升。在此期间逐渐形成了由喻国明（$H_0 = 24$；$H_1 = 10$）[①]、谭天（$H_0 = 14$；$H_1 = 10$）、张志安等（$H_0 = 13$；$H_1 = 8$）、宋建武等（$H_0 = 9$；$H_1 = 7$）、黄楚新（$H_0 = 14$；$H_1 = 5$）等具有一定影响力的知名学者领衔、众多青年学者广泛参与的学术共同体。同时，也涌现出一批本领域具有代表性的经典文献（表 1 - 1），对照 1997 ~ 2019 年被引频次和下载次数排名靠前的研究文献基本情况，从某种程度上验证了上述研判结论。新闻学与传播学学科中的"平台"研究由此渐成气候。

表 1 - 1 1997 ~ 2019 年传播学视域下"平台"研究重要文献统计（部分）*

作者	篇名	刊名	年/期	被引	下载
喻国明	《互联网是一种"高维"媒介——兼论"平台型媒体"是未来媒介发展的主流模式》	《新闻与写作》	2015/02	146	4441
喻国明	《"平台型媒体"的缘起、理论与操作关键》	《中国人民大学学报》	2015/06	125	4434
黄升民、谷虹	《数字媒体时代的平台建构与竞争》	《现代传播》（中国传媒大学学报）	2009/05	107	2727
程贵孙、陈宏民、孙武军	《双边市场下电视传媒平台兼并的福利效应分析》	《管理科学学报》	2009/02	100	1812

① H_0 为"平台"研究 H 指数；H_1 为"平台媒体"研究 H 指数。

续表

作者	篇名	刊名	年/期	被引	下载
谭天	《基于关系视角的媒介平台》	《国际新闻界》	2011/09	70	1663
张志安、曾子瑾	《从"媒体平台"到"平台媒体"——海外互联网巨头的新闻创新及启示》	《新闻记者》	2016/01	37	3005
吕尚彬、戴山山	《"互联网+"时代的平台战略与平台媒体构建》	《山东社会科学》	2016/04	37	1875
许同文	《媒体平台与平台型媒体：移动互联网时代媒体转型的进路》	《新闻界》	2015/13	30	1162
宋建武、陈璐颖	《建设区域性生态级媒体平台——打造新型主流媒体的路径探索》	《新闻与写作》	2016/01	24	1233
张志安、李霭莹	《变迁与挑战：媒体平台化与平台媒体化——2018 中国新闻业年度观察报告》	《新闻界》	2019/01	19	3099

注：＊截止日期：2020 年 1 月 1 日。

使用 CiteSpace 可视化软件对所获取的上述全部有效文献进行聚类分析，可以看出：就研究背景而言，相关研究主要被放置在"新媒体""新媒体时代""新媒体平台""新媒体环境""新媒体传播""自媒体时代""微时代""网络新媒体""移动互联网"等语境之下，可以看出媒介环境的变迁是平台媒体产生及存在的基本条件。而研究中所涉及的"融媒体技术""虚拟技术""大数据""人工智能""5G""智媒体""智能化""算法"的科技进阶之路同时也绘就了平台媒体的技术发展路线图。另外，"媒介融合""媒体融合""三网融合""数字化转型"构成了平台媒体演进的政策导向与市场驱力，"供给侧"的"平台化"成为融合进程中"发展""转型""创新""重构"的必然选择。除此之外，"社交媒体""社会化媒体""社交网络""社交网站"等被认为是"主流媒体"在其平台化发展过程中所必经的阶段，同时也是打通商业平台媒体化关窍的重要"策略"。值得关注的是，平台媒体演化的现实指向是"云"，并随之产生了"智媒云""云平台""云架构""云计算""云发布""现场云""云服务"等"云"实践，而其终极目标是共建一个由

"新新闻生态"以及与之相关的"生态生产""舆论新生态""营销新生态""生态化治理"等构成的良性共赢"传播生态"系统。

在具体的研究中,研究者普遍将"自媒体""流媒体""融媒体""全媒体""跨媒体""微媒体""数字媒体"视为平台媒体的媒介表征。以此为前景提要,纷纷展开了基于"微博"、"微信"、"短视频"、"中央厨房"、"长江云"、"广西云"、"门户网"、"报业集团"、"人民网"和"学习强国""优酷"等研究个案的"传播渠道"、"传播模式"、"技术应用"、"业务运营"、"生产流程"、"商业模式"、"传播力"和"影响力"分析。

2. 文献内容分析

(1)平台媒体的研究路径经历了一个从"媒体平台"到"平台媒体"的嬗变过程。

随着媒介环境的演进和研究对象的变化,国内传媒领域中的"平台"话语结构经历了一个从"媒体平台"到"平台媒体"的嬗变过程。最初的"媒体平台"定位于媒体内容的传播渠道,意指将不同的媒介渠道聚合在一起形成一种跨媒体联合,以期发挥"1 + 1 > 2"的传播效果,其运作机制类似于整合营销传播,即"多个渠道,一种声音"。一方面,媒体平台就是一个巨大的内容提供商,而其价值就来源于它的内容,媒体平台搭建了一个虚拟空间,让各种内容都可以在其中展现①;另一方面,媒介机构试图通过跨平台的传播方式,适应受众媒介使用方式的转变,从而延续媒体原有的影响力,增强媒介内容的到达率、接受率②。此时的"媒体平台"更多指涉的是传播介质的"平台化"和传播内容的"一体化",因此,其实施主体和作用对象均为传统意义上的传媒组织,亦即:媒体平台是指媒介机构搭建的、以信息传播技术为支撑的、供媒介机构向受众

---

① 黄晓洲:《从媒体平台到平台媒体——财经社区雪球网盈利模式探析》,《传媒》2017年第17期。

② 许同文:《媒体平台与平台型媒体:移动互联网时代媒体转型的进路》,《新闻界》2015年第13期。

传递信息的一种媒介形式①。

以平台经济范式为基础，媒介平台是一种集成传媒产业链中各个模块的中间性组织，它通过权威机制和价格机制来协调内部生产、组织产业分工和开展多边市场交易②。研究中强调的是媒体在数量、规模和范围等体量性指标上的平台化：对于广告主而言，媒体平台是进行品牌塑造和营销推广的传播渠道；对于媒体自身而言，媒体平台是整合媒体资源和加强媒体传播力的转型之路；对于受众而言，媒体平台是拓宽信息接触和改善用户体验的必然选择。因此，无论是自身携带着平台基因的新媒体还是实施平台化战略的传统媒体，"媒体平台"概念的提出和落地都具有较强的时空生命力。

大数据、"互联网＋"、互联网思维等一系列颠覆性理念的提出，以及与之相应的媒介生态的变迁，孕育了"平台媒体"这一全新概念。"平台媒体"不是"媒体平台"的简单升级，而是在互联网逻辑驱动下的质的跃迁。"平台媒体"作为一个新兴概念，尚处于从"媒体平台"研究中缓慢析出的阶段，再加上二者处于同一媒介环境之下，其资本基础、制度规制和技术支持等要素并无二致，因此，关于"平台媒体"的独立研究未能取得实质性的突破，有待平台型媒体建设实践的引导。

尽管在1997年就出现了关于"媒体平台"的研究，但"平台媒体"或"平台型媒体"的概念首次出现于2012年，研究者关注到了平台媒体的集成作用，提出：平台媒体是多种媒体形态的集合体③，但并未就"平台媒体"的内涵和外延做出明确的界定和解释。

真正意义上的"平台媒体"研究肇始于2015年，其标志性研究成果为《互联网是一种"高维"媒介——兼论"平台型媒体"是未来媒介发展的主流模式》，作者喻国明教授在文中引用杰罗姆的报

---

① 许同文：《媒体平台与平台型媒体：移动互联网时代媒体转型的进路》，《新闻界》2015年第13期。
② 谭天：《基于关系视角的媒介平台》，《国际新闻界》2011年第9期。
③ 白传之：《构建平台媒体 传播核心价值》，《中国广播电视学刊》2012年第1期。

道，介绍了"平台型媒体"（Platisher）：所谓 Platisher 是 Platform（平台商）和 Publisher（出版商）两个字合成后的新词，以及"平台型媒体"是指既拥有媒体的专业编辑权威性，又拥有面向用户平台所特有开放性的数字内容实体①。此后，随着平台媒体实践的推进，其核心要义亦逐渐明晰：平台型媒体，是依托热门互联网应用或海量用户基数，拥有开放内容生产体系（UGC），以专业编辑机制与算法推荐机制相结合的数字内容生产、聚合、分发体系②。

至此，"平台媒体"（或称"平台型媒体"）的研究所指更加明晰，其概念的内涵与外延被基本框定且得到了学术认同。在此基础上，研究者提出：放眼全球传媒业，具有数亿规模用户的网络平台因用户的信息交互、公共表达和社会化生产，越来越具有媒体化特征；而具有专业化内容生产优势的主流媒体，在融合转型过程中又期待逐步建立平台化的传播能力和竞争优势。平台媒体化和媒体平台化，已成为当下媒介融合的典型特征和趋势之一③。2018 年的中国新闻业，是平台媒体在监管中持续崛起的一年。媒体平台化、平台媒体化，是本年度新闻业变化的主要趋势④。平台媒体驱动下的视觉生产与技术调适是 2019 年新闻业变化的主要趋势，这一重要趋势也将持续影响新闻业的未来发展⑤。

由此可见，媒体平台化和平台媒体化尽管资源禀赋有所差异，但在媒介演化的潮涌中，二者相向而行，最终的共同目标是实现"平台媒体"这一未来媒介的主流形态。

---

① 喻国明：《互联网是一种"高维"媒介——兼论"平台型媒体"是未来媒介发展的主流模式》，《新闻与写作》2015 年第 2 期。
② 杰罗姆：《中外互联网巨头重新定义"平台型媒体"》，http://jerome. baijia. baidu. com/article/444616，2016 - 05 - 10。
③ 张志安、曾励：《媒体融合再观察：媒体平台化和平台媒体化》，《新闻与写作》2018 年第 8 期。
④ 张志安、李霭莹：《变迁与挑战：媒体平台化与平台媒体化——2018 中国新闻业年度观察报告》，《新闻界》2019 年第 1 期。
⑤ 张志安、龙雅丽：《平台媒体驱动下的视觉生产与技术调适——2019 年中国新闻业年度观察报告》，《新闻界》2020 年第 1 期。

（2）研究者们围绕着"平台媒体"展开了细致的剖面分析，并形成了若干个问题域。

"平台媒体"从何而来？研究者对比了"媒体平台"和"平台媒体"二者之间的差异，提出：媒体平台和平台型媒体是媒介融合和转型过程中两条可供选择的路径。媒体平台属于传统媒体的发展逻辑，而平台型媒体更接近于互联网，特别是移动互联网的发展逻辑[1]。由转载、发布的"媒体平台"，逐渐向整合、原创的"平台媒体"转变。"媒体平台"侧重平台和技术，更加强调汇聚和展现的价值；"平台媒体"则更加侧重信息和服务，更加强调内容和选择的价值[2]。

未来，"平台媒体"又将去往何处？面向未来的媒体转型发展的主流模式应该是与互联网逻辑相吻合的"平台型媒体"（Platisher）[3]。互联网巨头正挟用户优势和技术优势，以一网打尽之势全面、快速重构媒体产业，从内容分发平台进化到内容采编平台，再到媒体公共智能服务平台，朝着全网在线、智能化服务、采编播一体化的超级媒体中心方向发展[4]。平台型媒体是一个可以自我进化的生态系统[5]。未来以互联网巨头为核心的平台媒体，将主要形成以社交为枢纽、以资讯为增值、以算法和人工编辑为主导的生产和传播模式[6]。

"平台媒体"的特征及分类为何？平台型媒体具备两种属性，即权威性和开放性[7]。"内容的社会化生产"和"基于社交链接的用户

[1] 许同文：《媒体平台与平台型媒体：移动互联网时代媒体转型的进路》，《新闻界》2015年第13期。
[2] 张志安、曾子瑾：《从"媒体平台"到"平台媒体"——海外互联网巨头的新闻创新及启示》，《新闻记者》2016年第1期。
[3] 喻国明等：《从传媒"渠道失灵"的破局到"平台型媒体"的建构——兼论传统媒体转型的路径与关键》，《北方传媒研究》2017年第4期。
[4] 黎斌：《媒体融合新思维：从"内容为王"到"'内容+'为王"》，《中国广播电视学刊》2017年第1期。
[5] 周磊：《中国电视构建平台型媒体的路径分析》，《出版广角》2017年第7期。
[6] 张志安、李霭莹：《变迁与挑战：媒体平台化与平台媒体化——2018中国新闻业年度观察报告》，《新闻界》2019年第1期。
[7] 张宏树、王思雨：《腾讯芒种计划："平台型媒体"的中国实践与问题反思》，《湖北民族学院学报》（哲学社会科学版）2017年第3期。

黏性"是平台媒体的最大特点①。平台型媒体已经成为连接传媒市场各种资源和使用者的重要中介组织②。与此同时，研究者们对于"平台媒体"的多维认知使之产生了多元分类：单一性平台型媒体和综合性平台型媒体③；互联网原生型平台媒体、传统主流媒体融合型平台媒体和互联网平台公司拓展型平台媒体④；资讯聚合型平台媒体和社交连接型平台媒体⑤。

如何实现"平台媒体"？"平台型媒体"是"互联网＋"时代媒体转型融合发展的一个主流模式，其操作要点是：打造一个吸引和掌握着海量流量的开放平台；构建新型的信息节点及节点集群；政府在其中的角色应从传播机构的管理者转变为社会传播生态的共建者⑥。运用平台战略构建平台媒体，需要从互联网核岛、社会信息传播分享系统生态圈、价值网与利润池、创新企业合作伙伴和经营模式、扁平化模块化网络化组织结构等几个方面，采取有针对性的"构建"措施⑦。在这一过程中，平台型媒体准确的构成逻辑应当是领先的融媒体实力、优质的内容供给、强大的技术支撑、坚守的主流价值四点的有机构成⑧。

打造"平台媒体"的意义何在？在评析互联网逻辑下"平台型

---

① 张志安、姚尧：《平台媒体的类型、演进逻辑和发展趋势》，《新闻与写作》2018年第12期。

② 韩冰：《论平台型媒体的中介化逻辑与用户数据资源》，《现代视听》2019年第4期。

③ 许同文：《媒体平台与平台型媒体：移动互联网时代媒体转型的进路》，《新闻界》2015年第13期。

④ 权玺：《平台媒体：构建平台化的自组织在线社会信息传播系统》，《当代传播》2017年第6期。

⑤ 张志安、曾励：《媒体融合再观察：媒体平台化和平台媒体化》，《新闻与写作》2018年第8期。

⑥ 喻国明等：《"平台型媒体"的缘起、理论与操作关键》，《中国人民大学学报》2015年第6期。

⑦ 吕尚彬、戴山山：《"互联网＋"时代的平台战略与平台媒体构建》，《山东社会科学》2016年第4期。

⑧ 朱飞虎：《平台型媒体准确的构成逻辑——以"人民号"为例》，《今传媒》2018年第10期。

媒体"的基本属性——开放、激活、整合和服务之后，喻国明进一步指出，遵照生态化机制的"平台型媒体"将是未来媒介发展的主流模式①。还有研究者以美国新闻聚合网站 BuzzFeed 为例，提出：平台型媒介对传统媒体转型最大的启示就是在社交媒体时代如何再造接口，如何建立导流机制，如何重塑用户、内容和渠道的关系②。对于传媒业态而言，实施平台战略，构建新型平台媒体将成为传媒产业资源重组和"互联网＋传媒"新生态构建的主轴③。同时，移动互联网时代传统媒体融合转型的新路径要求媒体转变多渠道搭建"媒体平台"的做法，以形成"平台媒体"为新的实践目标④。

"平台媒体"的平台效应如何？平台型媒体将通过整合线下各个方面的生活场景，来搭建应用平台的基础框架，最终形成聚各种应用为一体的生态级媒体平台⑤。平台型媒体既是引发群体情绪极化的"推手"，又是使其快速趋于平淡与终结的制衡者。平台型媒体同时改变了人们进入与离开社群的方式，带来了一种社交"强连接"向"弱连接"的转向⑥。在平台效应的作用之下，平台型媒体已经成为主要的媒体资源组织者、连接者和匹配者，成为移动互联网中传媒市场机制的设计者⑦。

"平台媒体"商业模式是什么？以"数字广告（商业信息精准

① 喻国明：《互联网是一种"高维"媒介——兼论"平台型媒体"是未来媒介发展的主流模式》，《新闻与写作》2015 年第 2 期。
② 王斌、李峰：《平台型媒体的运营模式分析——以新闻聚合网站 BuzzFeed 为例》，《新闻战线》2015 年第 15 期。
③ 吕尚彬、戴山山：《"互联网＋"时代的平台战略与平台媒体构建》，《山东社会科学》2016 年第 4 期。
④ 张志安、曾子瑾：《从"媒体平台"到"平台媒体"——海外互联网巨头的新闻创新及启示》，《新闻记者》2016 年第 1 期。
⑤ 宋建武、彭洋：《媒体的进化：基于互联网连接的平台型媒体》，《新闻与写作》2016 年第 8 期。
⑥ 雷璐荣：《当前平台型媒体的现实问题与伦理困境》，《新媒体研究》2018 年第 7 期。
⑦ 韩冰：《论平台型媒体的中介化逻辑与用户数据资源》，《现代视听》2019 年第 4 期。

推送）"、电商、娱乐和游戏、O2O 平台服务为主要方式的多种业务模式叠加，形成了平台型媒体的商业模式①。平台型媒体还可以通过跨界的媒介资源整合获得盈利。平台型媒体不仅仅是一种内容性媒体，还是一种资源性媒体，可以根据用户的各种需求做行业和用户之间的桥梁②。平台型媒体的出现，则为媒体的盈利方式提供了无限的想象空间。媒体作为一个接口、一个渠道，可以连接其他任何形式的机构和企业③。

当然，平台媒体的发展也并不是从一开始就一帆风顺的。随着一些早期平台媒体先行者的折戟而归，开始出现了关于平台媒体的各种忧思，特别是对于其开源技术和开放内容的法律和道德争议，一个典型的难题就是发表于平台之上的用户生产内容该由谁来负责？④ 归根结底，用技术来吸引尽可能多的用户还是以策展产生更加优质的内容，二者在实践中很难做到同时兼顾，即使是目前看来获得成功的实践者也不敢断言未来的平台媒体天平将向着哪边倾斜。

"平台媒体"蕴含机遇的同时也带来挑战。平台型媒体进入传播链条并在其中发挥越来越重要的作用，使得传统的传播权力结构发生了深刻变化，新的传播链条变得更加复杂和不可控⑤。在此期间，平台型媒体向所有传统媒体开放，传媒和所有内容创作者、用户都将被"虹吸"过去。这是对传统媒体播出平台概念的根本颠覆和超越，更是对传统媒体资源与人才的解构与打劫⑥。更进一步而言，个体、社会、国家等赖以生存的信息传播生态日益集中掌控在少数信

---

① 宋建武、彭洋：《媒体的进化：基于互联网连接的平台型媒体》，《新闻与写作》2016 年第 8 期。

② 郭一鸣：《刍议平台型媒体的发展历程及运营模式》，《记者摇篮》2017 年第 8 期。

③ 黄晓洲：《从媒体平台到平台媒体——财经社区雪球网盈利模式探析》，《传媒》2017 年第 19 期。

④ Lydia Laurenson, "Don't Try to Be a Publisher and a Platform at the Same Time", *Harvard Business Review*, January 19, 2015.

⑤ 万小广：《平台型媒体带来的挑战及应对》，《青年记者》2017 年第 25 期。

⑥ 黎斌：《媒体融合新思维：从"内容为王"到"'内容 +'为王"》，《中国广播电视学刊》2017 年第 1 期。

息中介平台公司手中，而他们已经成为威胁网络空间治理与安全的重要主体①，并由此引发了网络空间信息治理乃至国家治理难题。平台媒体业已出现的法律问题包括：资源整合是否涉及侵权问题；偏好设置资料是否属于侵犯个人隐私行为；灵活性的广告营销加大了法律判断的难度②。主张"算法中立"的"平台型媒体"在抢占市场占有率的同时，在发展中还存在一系列价值观危机，如何平衡公司属性和媒体属性、如何合理进行个人信息开发和保护、如何避免陷入工具理性中抛弃价值理性，都是"平台型媒体"发展中不可回避的问题③。可以看出，伴随专业媒体大量进驻商业平台媒体，以及平台媒体化、媒体平台化的趋势，关于网络舆论、文化安全和意识形态方面的隐忧正引起学界和业界关注④。如何在平台媒体崛起过程中促使其担当社会责任，是提升新闻业公共性面临的重要挑战⑤。

有鉴于此，对于"平台媒体"的质疑与思虑从未停止。研究者提出：平台媒体到底是不是一种媒体？如果是，它需不需要尊重媒体的价值和规范？如果它有新的特质，如何调整吸纳这种异质？而既有的新闻价值观念是否一成不变，还是需要根据现实情况进行调整？⑥ 智能传播时代，在平台和媒体的边界进一步消融的过程中，由于算法机制的纳入，平台范式生态环境的形成正在改变人们信息获取的方式，也带来了一系列新的伦理问题，传统的传播伦理失范边界正在扩大⑦。因此，平台媒体在信息传播、公共对话、隐私保护、

---

① 戴丽娜：《网络空间信息治理的变革与创新》，《新闻与写作》2017 年第 1 期。

② 封玥光：《平台型媒体的法律规制研究》，《法制博览》2018 年第 15 期。

③ 林燕飞：《"平台型媒体"发展中的价值观危机》，《青年记者》2018 年第 26 期。

④ 张志安、曾励：《媒体融合再观察：媒体平台化和平台媒体化》，《新闻与写作》2018 年第 8 期。

⑤ 张志安、李霭莹：《变迁与挑战：媒体平台化与平台媒体化——2018 中国新闻业年度观察报告》，《新闻界》2019 年第 1 期。

⑥ 方师师：《平台媒体新崛起的"传统"与"现代"之争》，《传媒评论》2017 年第 2 期。

⑦ 段鹏、李嘉琪：《隐藏的价值观：平台媒体算法的伦理考量和权力关系》，《江西师范大学学报》（哲学社会科学版）2019 年第 5 期。

网络信任方面需承担更大的人文责任①。平台媒体的兴盛并未带来
"共享经济"的繁荣，反而将"自由资本主义"演变为其所反对的
"监控资本主义"。平台媒体没能按照"解放"和"赋权（能）"的
逻辑发展，反而无形间又形塑了一批新型的"控制"与"监视"机
制，这些机制更加隐蔽，危险却胜于往②。

　　围绕"平台媒体"所遭遇的上述困境与迷思，研究者们认为可
采取的措施包括：在规制尚不完善时期，来自利益相关群体的舆论
监督，有力地促进了社交媒体平台的自律，这种企业自内而外的努
力，有助于保护消费者的隐私权利③。同时，"互联网平台行政"成
为一种准行政权力属性，对平台的用户或经营者身份进行核实，对
各种违法、违规信息履行发现、跟踪、标记等附随义务，按照有权
行政机关的要求，对已被有权行政机关认定的违法信息或行为进行
处理④。此外，政府主管部门对平台媒体进行了严格监管，逐步形成
政府部门、平台媒体双管齐下的治理机制⑤。

　　在此基础之上，形成了"平台媒体"治理原则与理念。平台形
成一种新的媒介生态，这就是最好的生态化的机制，从而实现一种
好的社会管理⑥。从复杂生态视角出发对平台媒体生态化治理的关注
将成为未来媒体治理新路径⑦。具体而言，网络中立原则不仅不是平

---

①　张志安、姚尧：《平台媒体的类型、演进逻辑和发展趋势》，《新闻与写作》2018
　　年第 12 期。
②　史安斌、张耀钟：《数据之恶：平台媒体的罪与罚》，《青年记者》2019 年第 22
　　期。
③　孟茹：《美国社交媒体平台用户隐私保护的自律与监督机制——以 Facebook 为
　　例》，《编辑之友》2017 年第 1 期。
④　方师师：《平台媒体新崛起的"传统"与"现代"之争》，《传媒评论》2017 年
　　第 2 期。
⑤　张志安、李霭莹：《变迁与挑战：媒体平台化与平台媒体化——2018 中国新闻业
　　年度观察报告》，《新闻界》2019 年第 1 期。
⑥　喻国明等：《从传媒"渠道失灵"的破局到"平台型媒体"的建构——兼论传统
　　媒体转型的路径与关键》，《北方传媒研究》2017 年第 4 期。
⑦　权玺：《复杂性视域下平台媒体的生态化治理》，《西安交通大学学报》（社会科
　　学版）2019 年第 5 期。

台型媒体规避公共责任的理由，反而更应该成为互联网平台承担公共信息传播责任的规制力量[①]。在权力关系的竞合之下，平台媒体算法机制的生成和运作在技术本体的工具理性之上，和外部导向的价值理性一起完成对于算法合理性的界定，进而嵌入平台发挥影响[②]。

（3）现有的平台媒体研究主要沿袭了"双边市场理论"，同时也着力思考并论证了其他社会科学理论资源的适切性和解释力。

双边市场理论是经济学视域下研究平台问题的经典理论之一。在平台经济学理论框架中，双边市场理论以及与之相关的交叉网络外部性理论是其两大主要理论构成。双边市场理论对于媒介经济研究而言，具有显著的理论适切性，尤其是双边市场理论对于价格结构的关注，有力地解释了媒体"二次贩售"的价值实现模式。对于绝大多数互联网平台型公司而言，用户是生产商品而不获报酬的劳动者（数据和内容），然后由公司将其出售给广告客户和其他利益相关者[③]。特别是随着互联网和移动互联网媒介环境的到来，双边市场理论对于"免费经济""体验经济""众包模式""众筹模式"等新型经济形态和商业模式的指导意义十分重大。在双边市场理论的基础之上，更进一步延伸出了"平台资本主义"和"平台合作主义"的思想框架，使之成为理解平台模式和解读平台社会的最基础理论资源之一。

从网络媒体的"微观结构"特征来看，网络媒体是典型的"双边市场"甚至"多边市场"（Multi-Sided Markets）结构的平台型企业[④]。在此基础之上，研究者基于双边市场理论考察了不同的媒体平台。有研究者以电视媒体平台为例，以竞争平台企业在平台竞争过

---

① 张韵：《网络中立：平台型媒体的传播公共性》，《学术界》2018 年第 8 期。

② 段鹏、李嘉琪：《隐藏的价值观：平台媒体算法的伦理考量和权力关系》，《江西师范大学学报》（哲学社会科学版），2019 年第 5 期。

③ 尼克·斯尔尼塞克：《平台资本主义》，程水英译，广东人民出版社，2018，第 58 页。

④ 尚雨、郭新茹：《基于双边市场理论的网络媒体平台竞争行为研究》，《中国流通经济》2009 年第 11 期。

程中如何确定平台价格水平为出发点，建立了双寡头双边市场竞争模型以及纵向一体化模型[1]。有研究者基于双边市场理论，对自媒体以及相应的媒体平台的竞争与合作策略进行理论分析[2]。在谈及新媒体的平台化发展时，研究者指出：基于不同商业模式的网络媒体呈现出或强或弱的外部性效应并直接决定了新媒体平台价值的大小。未来的媒体竞争在于寻找可以突破负外部性效应的商业模式，并从用户规模的正反馈中构建强有力的媒体平台[3]。

除了经济学视域下的"双边市场理论"，研究者还从社会学范畴中积极寻找媒体平台研究的理论资源：有研究者思考了基于"准社会交往理论"的社会化媒体平台受众媒介角色（偶像）感知以及使用动机问题[4]；有研究者以"自我赋权"和"公共领域"等相关理论为出发点，研究了新媒体环境下微博这一自媒体平台的传播样态[5]；有研究者借用"新媒体权衡需求理论"验证了一个新的媒介技术平台（微信）的诞生[6]；有研究者从"差序格局理论"的视角剖析了互联网平台的"圈子"传播形态及其可能引发的媒介生态变迁[7]。

与此同时，研究者还试图构建一个基于"关系"的平台媒体理论。通过某一空间或场所的资源聚合和关系转换为传媒经济提供意

---

① 周凯：《双边市场分析框架下电视平台的传播机制研究》，《甘肃社会科学》2012年第5期。

② 张洁、凌超：《传媒产业新模式——"自媒体"的经济学分析》，《产业经济评论》2015年第5期。

③ 余晓阳、张金海：《传统媒体的数字化转型与新媒体的平台化发展——基于双边市场理论的经济学分析》，《新闻界》2012年第5期。

④ 毛良斌：《准社会交往对微博用户行为的影响》，《青年记者》2016年第2期。

⑤ 李文杰：《微博反腐：从"自我赋权"到"娱乐至死"》，《新媒体研究》2016年第4期。

⑥ 张潇：《微信人际交往中的权衡需求——一项基于新媒体权衡需求理论的实证分析》，《东南传播》2015年第6期。

⑦ 朱天、张诚：《概念、形态、影响：当下中国互联网媒介平台上的圈子传播现象解析》，《四川大学学报》（哲学社会科学版）2014年第6期。

义服务，从而实现传媒产业价值的媒介组织形态叫作媒介平台①。在旧"关系"的改变和新"关系"的形成上，平台型媒体所建立的信息平台既是集合、容纳、汇聚的空间，又因为其融合之后而自成一个完成体系，即网络中的"小世界"诞生②。还有研究者借助结构洞理论指出：平台型媒体本质上是构建一种以人的社会关系为核心的结构，转型平台型媒体的关键在于重构以人的社会关系为核心的传播生态③。具体到内容生产层面，平台媒体与用户的关系体现出一种高效率、高频次的互动关系。通过这种上下游合作关系，平台媒体与用户共同完成 UGC 模式下的内容生产④。可以说，从旧有的渠道失灵到新的关系渠道体系——"平台型媒体"的形成，传统媒体丢掉的是枷锁，迎来的将是大有可为的全新世界⑤。

（4）在从技术背景到融合实践的潮涌之下，"平台媒体"研究的中国语境渐成气候。

追溯其概念的提出，"平台媒体"本身就带有互联网技术平台的烙印。随着人工智能、大数据、算法、区块链、5G、数字孪生等新兴技术的不断涌现和逐渐商用，"智能化"技术成为"平台媒体"研究的一个重要背景。平台随技术的发展不断扩展更新，平台的延展表现了媒介机构适应媒介技术发展的愿望和能力⑥。应从观念、体制、技术、资本四个方面综合推进平台型媒体构建⑦。平台媒体是互

---

① 谭天：《基于关系视角的媒介平台》，《国际新闻界》2011 年第 9 期。
② 雷璐荣：《当前平台型媒体的现实问题与伦理困境》，《新媒体研究》2018 年第 7 期。
③ 马振霖、马溧：《结构洞理论视野下报业转型"平台型媒体"逻辑要点》，《中国报业》2016 年第 15 期。
④ 陈泽玺、戎阳阳：《UGC 模式下平台媒体与用户的关系研究》，《中国编辑》2018 年第 8 期。
⑤ 喻国明等：《从传媒"渠道失灵"的破局到"平台型媒体"的建构——兼论传统媒体转型的路径与关键》，《北方传媒研究》2017 年第 4 期。
⑥ 许同文：《媒体平台与平台型媒体：移动互联网时代媒体转型的进路》，《新闻界》2015 年第 13 期。
⑦ 王晗：《传统媒体被融合之我见——关于构建平台型媒体的一点思考》，《现代视听》2016 年第 2 期。

联网内容生态中技术驱动和用户关系的关键载体①。

值得注意的是，在平台媒体被引介入国内之时，基于媒体融合发展的中国语境，形成了一个学术共识——"平台型媒体"被视为媒体融合的一种主流模式②。在其实践中，中国平台媒体的演进源流和发展取向产生了平台媒体化和媒体平台化的分野，"平台型媒体"的两种含义看似各自为政，但最终殊途同归，被统摄于由"媒体融合""互联网产业""媒介生态"等概念构成的本土话语网络③。在这一研究视域中，"平台媒体"最初被视为一种新型的融媒体④。随着传媒领域平台型媒体的发展演化，平台媒体化和媒体平台化，已成为当下媒介融合的典型特征和趋势之一⑤。当"平台型媒体"被嵌入"媒体融合"这一主流意识形态话语体系，作为对政策层面战略规划的追随和响应，就获得了某种正当性加持，进而成为"宏观战略"、"社会管理"乃至"顶层设计"的一部分⑥。对于业界而言，打造理想的平台型媒体是传统媒体向融合媒体转型的必经之路⑦。

二 "自组织理论"研究述评

（一）"自组织理论"研究概述

尽管有学者试图追溯"自组织"概念直至其古老的哲学起源，但真正意义上的"自组织理论"形成于 20 世纪中后期，是伴随着现

---

① 张志安、姚尧：《平台媒体的类型、演进逻辑和发展趋势》，《新闻与写作》2018年第 12 期。
② 陈力丹、费杨生：《2015 年中国新闻传播学研究的十个新鲜话题》，《当代传播》2016 年第 1 期。
③ 谭小荷：《从 Platisher 到"平台型媒体"——一个概念的溯源与省思》，《新闻记者》2019 年第 4 期。
④ 焦洁：《平台型媒体：一种新型的融媒体》，《西部学刊》2015 年第 1 期。
⑤ 张志安、曾励：《媒体融合再观察：媒体平台化和平台媒体化》，《新闻与写作》2018 年第 8 期。
⑥ 谭小荷：《从 Platisher 到"平台型媒体"——一个概念的溯源与省思》，《新闻记者》2019 年第 4 期。
⑦ 王君超、刘婧婷：《平台型媒体、"中央厨房"与深度融合——兼论〈赫芬顿邮报〉的衰变》，《新闻界》2019 年第 12 期。

代科学的勃兴而生成的。准确地说，发轫于 20 世纪 70 年代前后的自组织理论是一个理论簇——耗散结构理论（Dissipative Structure Theory）、协同学（Synergetics）、突变论（Catastrophe Theory）、超循环理论（Hypercycle Theory）、分形理论（Fractal Theory）和混沌理论（Chaotic Theory）等理论被统称为自组织理论（Self-organization Theory）[①]。

自组织理论最初的研究领域主要涉及物理、化学、数学、生物、地质等自然科学领域，随着人类对复杂现象认识水平的提高，在物质交换和能量交换之外的信息交换受到越来越多的重视，自此，自组织理论开始作为一门软科学而逐渐渗入哲学、社会学、经济学、历史学、管理学等社会科学领域。尽管热力学和传播学分属截然不同的学科领域，但同样作为一个复杂系统，二者皆具有相应的动力机制和创生原理。因此，自组织理论这一从物理学中获得的新知识，对于其他科学分支甚至是社会科学研究也有着深刻的方法论价值。

经典的自组织理论认为，如果系统在获得空间的、时间的或功能的结构过程中，没有外界的特定干预，我们便说系统是自组织的。这里的"特定"一词是指，那种结构和功能并非外界强加给系统的，而且外界是以非特定的方式作用于系统的[②]。具体而言，普里高津等创立的"耗散结构"理论起一个构建自组织系统需要条件的作用。它研究了体系如何开放、开放的尺度、如何创造条件走向自组织等诸多问题。运用这种方法可以帮助我们了解什么条件下能够发生自组织的演化过程，帮助我们创造自组织的条件。哈肯等创立的"协同学"理论在整个自组织方法论中处于一种动力学方法论的地位。它是体系自身保持自组织活力的重要方法，它告诉我们，制定一定的规则，以一定的参数进行调节，然后放手让子系统自己相互作用，产生序参量运动模式，从而推动整个系统演化，是系统非线性、自

[①] 自组织在组织管理学和计算机科学中也作 adhoc organization，本书在界定研究对象时仍选择 self organization（普里高津，1977）这一更具普适性的名词。

[②] H. 哈肯：《信息与自组织》，郭治安译，四川教育出版社，2014，第 18 页。

组织演化的最好管理方式。托姆创立的"突变论"数学理论研究了系统在其演化的可能路径方面所采取的方法论思想——突变论方法在整个自组织方法论中处于研究自组织演化采取各种途径的地位。艾根等创立的"超循环"理论提供了一种如何充分利用过程中的物质、能量和信息流的方法，提供了一种如何有效展开事物之间相互作用以及结合成为更紧密的事物的方法。曼德布罗特创立的"分形"理论和以洛伦兹为代表的科学家创立的"混沌"理论分别研究了事物走向复杂性的空间特性和结构以及时间演化特性[1]（图1-5）。

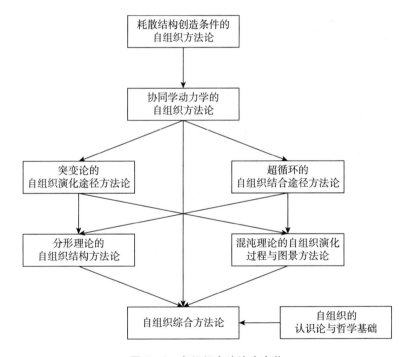

图 1 -5　自组织方法论生态位

资料来源：吴彤：《自组织方法论研究》，清华大学出版社，2001，第52页。

自组织理论的价值在于揭示了任何发展都是稳定性与非稳定性的对立统一过程。系统在到达新的有序结构之前，往往经过短暂的

---

① 吴彤：《自组织方法论研究》，清华大学出版社，2001，第20—22页。

失稳或局部乃至整体上的失稳，然后才走向新的稳定性。因此，非稳定性同稳定性一样也具有基本的建设作用，对旧结构或旧状态，非稳定性是一种"批判"、一种"扬弃"；对新结构或新状态，非稳定性则是一种"激励"、一种"建设"、一种"创造"①。基于此，自组织理论对于审视媒介发展过程具有较强的解释力，可以作为本研究的核心理论资源。

在 WOS 上以"Self-organizing Theory"为关键词进行主题检索，所得的相关文献涵盖了计算机科学与人工智能（COMPUTER SCIENCE ARTIFICIAL INTELLIGENCE）、物理学（PHYSICS MULTIDISCIPLINARY）、化学（CHEMISTRY MULTIDISCIPLINARY）、神经科学（NEUROSCIENCES）、生态学（ECOLOGY）、环境科学（ENVIRONMENTAL SCIENCES）、电信学（TELECOMMUNICATIONS）、信息科学图书馆学（INFORMATION SCIENCE LIBRARY SCIENCE）、经济学（ECONOMICS）、社会学（SOCIAL SCIENCES INTERDISCIPLINARY）、心理学（PSYCHOLOGY MULTIDISCIPLINARY）、哲学（HISTORY PHILOSOPHY OF SCIENCE）、管理学（MANAGEMENT）、地球科学（GEOSCIENCES MULTIDISCIPLINARY）、教育研究（EDUCATION EDUCATIONAL RESEARCH）等诸多纷繁复杂的研究领域。国内的研究概况与之相类似，而社会科学领域的自组织理论研究则是由对其进行概念界定和意义论证逐渐发展到使用这一理论解释社会群体的组织构成及发展脉络。

自组织通常具有十分复杂的机理，其中开放性和非平衡机理、自稳定机理、突现机理和评价选择机理是核心，它们描述了自组织的一般运行过程②。自组织现象的一般规律为基本目标的现代自组织科学分别从系统产生自组织现象所必需的内部和外部（环境）条件

---

① 沈小峰、吴彤、曾国屏：《自组织的哲学——一种新的自然观和科学观》，中共中央党校出版社，1993，第 143 页。

② 成桂芳、宁宣熙：《虚拟企业知识协作自组织过程机理研究》，《科技进步与对策》2007 年第 4 期。

（耗散结构理论）、自组织的动力机制（协同学）、自组织发展的过程（突变论）、自组织演化的形式（超循环理论）以及自组织演化的复杂性（混沌理论）等多个不同的方面为我们在一般的层面上科学地理解和解释自组织现象提供了一幅内容极为丰富的理论图景①。组织是一个不断与外部环境发生作用的自组织系统和自组织过程。自组织过程既包含了秩序的特征，更重要的是又强调突现（emergence）、或然性（probability）和创生（creation）。按照这种新范式，自然选择（natural selection）就成为组织生命产生和发展的一个重要的范式原则，但它必须以过程性、演进性的新视角为补充。应当看到，自组织理论的提出，为我们认识组织系统的自组织现象提供了崭新的视角，也使我们对社会组织这个"社会人造系统"的自组织演化过程的动力源泉、前提条件、组织形式、过程途径有了比较科学的认识，为组织理论新范式的思维方式形成奠定了最重要的基础②。所谓自组织，并不是一种在发生论意义上的组织形态，而是组织（系统）获得其"空间的、时间的或功能的结构过程"中"没有外界的特定干涉"的属性，"那种结构或功能并非外界强加给体系"，而且"外界实际是以非特定方式作用于系统的"。这就意味着自组织是一个组织内部通过自身实现有序化、通过简单规则产生复杂模式的过程，而不是一种组织类型③。

发展至今，自组织理论本身作为一个开放的理论体系，仍然不断延展出新的理论资源。"自组织临界现象"④（self-organized criticality，SOC）、"自组织临界模型"⑤等拓展理论也开始被引入社会科学研究之中。

---

① 郭世平：《和谐、秩序与自组织——从传统形而上学的哲学和谐观到现代自组织科学的和谐理论》，《苏州大学学报》（哲学社会科学版）2007 年第 1 期。

② 罗珉：《论组织理论范式的转换》，《外国经济与管理》2008 年第 8 期。

③ 蒋玉：《自组织型志愿活动的动机过程探赜》，《学术交流》2014 年第 6 期。

④ 陈彦光：《城市化：相变与自组织临界性》，《地理研究》2004 年第 3 期。

⑤ 刘和平、魏一鸣、范英、徐伟宣：《复杂性科学及其在经济领域中的应用》，《中国管理科学》2000 年第 8 卷。

（二）"自组织理论"在传播学研究中的价值彰显

在 CNKI 中，"自组织"并含"传播""媒介""媒体"的研究分别涉及自然科学和社会科学两大研究门类。可以看出，在传播技术的研发过程中，具有自然科学渊源的自组织理论早已得到了广泛应用，因此，有相当一部分研究成果从技术理性的角度探究了网络节点合作、网络体系架构、网络协议建模等自组织网络技术命题。反观将具有社会科学属性的传播学与自组织理论相结合的研究方兴未艾，因此其研究主题并未形成明显的聚类，而呈现出广域分布的态势。

对其研究主题进行进一步的内容分析，析出两个主要的研究分支。其一，传播学视域下自组织系统研究，这类研究着力探究传播/媒体/媒介在特定的自组织群体（学生自组织、青年自组织、科研自组织、教师自组织、公益自组织、农村自组织、产业集群自组织以及网络自组织等）中的工具性属性，其主要研究对象是社会/社群自组织而非传媒。其二，基于自组织理论的传播学研究，这类研究将自组织作为媒体参与者存在或联结的一种形态，尝试思考 Web 2.0 时代传媒本身的自组织特征以及基于自组织价值的网络（舆情）治理问题。将媒体本体作为一个自组织结构来予以考量，是其研究的出发点，也是本书关注的核心要义所在。

具体而言，相关研究最早出现于 20 世纪末期，研究者提出，大众传播通过自组织调控功能逐步发展为一个传播形式逐渐多样、传播组织日益兴旺、内容不断拓展、受众无所不及、结构疏密有致的动态网络①。由此揭开了将传媒系统视为自组织体系的研究序幕。

受限于我国的媒介环境现实，早期的研究者多致力于验证传播系统的自组织特征：传播系统正是一种耗散结构②，新闻事业的发展

---

① 陶同：《试论艺术家兼编辑家对大众传播信息的调控》，《文艺研究》1992 年第 3 期。
② 吴恭俭：《传播的负效应与耗散结构》，《湘潭大学学报》（哲学社会科学版）1996 年第 6 期。

过程实际上是一个自组织与被组织交织的过程①。此后，媒介技术的演进，使得相关研究的视角得以不断拓展。

第一，就研究背景而言，基于自组织理论的传播学研究开始被放置在 Web 2.0、新媒体、社交媒体、5G 的媒介环境之中予以考量。研究者认为 Web 2.0 的核心就是个性化、自组织，强调以人为中心的信息传递方式②。因此，Web 2.0 的自组织性将使得互联网最终发展成"智能型共同体"③。就其组织形式而言，Web 2.0 是一个开放的复杂适应系统"，存在三类以社会化媒介为基础的自组织形式：信息自组织、关系自组织与关联自组织④。研究者进而探讨了基于 Web 2.0 自组织特征的网络治理和舆论引导问题。网络社会中网民自组织的形式不再是随话题的生成和结束而随聚随散（即弱关系的联结），而是演化为基于强关系（主要是现实社会关系）的具有连续性的组织过程和互动结构。这种稳定而持久的结构为网络信息的瞬时传播和网络舆论的快速生成提供了可能性⑤。

第二，就研究范式而言，尽管已有研究者关注到了媒介自组织的存在，但在研究中往往陷入大众传播学研究范式的窠臼，更多关注传播模式、传播理念、传播观念、意见领袖等传统意义上的研究对象，没有就真正意义上的自组织理论研究范式审视已然发生变化的媒介系统。研究者认为，可以创造出产生数字传媒产业自组织营运模式的客观条件，而一旦出现了这些必备的条件（即自组织系统产生的 4 个条件），数字传媒产业自组织营运模式的形成则是必然

---

① 陈作平：《结构主义方法与新闻理论体系的构建》，《现代传播》2005 年第 6 期。
② 王知津、宋正凯：《Web 2.0 的特色及其对网络信息交流的影响》，《新世纪图书馆》2006 年第 3 期。
③ 张燕：《Web 2.0 时代的网络民意表达》，《新闻界》2009 年第 4 期。
④ 李鹏：《Web 2.0 环境中用户生成内容的自组织》，《图书情报工作》2012 年第 16 期。
⑤ 唐雨：《我国网络社会治理模式演进分析》，《南京邮电大学学报》（社会科学版）2015 年第 3 期。

的①。移动互联网社群呈现全新的传播特征：聚合力和裂变性、情感价值的传播、自组织传播和协作②。让公益性组织、个人巧妙地加入乡村自组织之中，实现自组织的裂变传播等措施，以不断优化乡村自组织传播的路径③。网络社群自组织传播的分享特性对社会资本产生重要的影响④。可以看出，在研究成果中重复出现将自组织理论生搬硬套至传媒领域的描述性研究，导致未能取得该领域真正意义上的交叉研究进展。

第三，就研究内容而言，研究者意识到了自组织形态对媒介生态所产生的影响，并从结构和机制等多个方面进行了较为深刻的分析。自组织机制不仅推动着公民新闻活动，也推动着整个网络的信息生产方式和人的关系的变化。自组织的出现，使个体的力量被集合起来，成为一种群体性力量，这有助于提高公民新闻的传播效果，也提高了网民参与公民新闻活动的积极性。另一方面这种机制也可以使公民新闻活动更加制度化。但同时，自组织的存在，会使群体的态度、意见、行动等形成强势，对个体的态度、意见等形成抑制作用⑤。特别值得一提的是，在对其特点进行分析时，研究者注意到了媒体自组织体系所隐含的结构性关系：新出现的社会媒介自组织传播系统，可以被定义为所有行动者都能通过话语的分享与互动从而积累注意力与符号影响力、争夺话语权的隐含力量关系的自组织传播公共空间⑥。这一结构（集群）的支撑，成为个体积极参与传

---

① 薛晓东、谢梅：《数字传媒产业自组织运营模式研究》，《电子科技大学学报》（社科版）2007 年第 1 期。

② 杜洪涛：《社群经济的商业模式》，《商业文化》2017 年第 5 期。

③ 邓良柳：《新媒体语境下乡村振兴中村民的自组织传播路径优化研究》，《卫星电视与宽带多媒体》2020 年第 2 期。

④ 周琼：《网络社群自组织传播的分享特性对社会资本的影响》，《现代传播》（中国传媒大学学报）2019 年第 9 期。

⑤ 彭兰：《影响公民新闻活动的三种机制》，《上海师范大学学报》（哲学社会科学版）2010 年第 4 期。

⑥ 周荣庭、孙大平：《社会媒介场域的概念与理论建构——互联网自组织传播的关系性诠释》，《今传媒》2011 年第 6 期。

播行为的动力，也为原本混沌的群体，搭建起了一条隐性的秩序链，成为看似无序、实则有据的传播形态①。还有研究者通过对人类社会信任传播模式的抽象，提出了一种基于自组织理论的信任传播模型——把大规模分布式系统中的信任作为一个自组织系统，根据人类社会信任传播的自组织原则，建立具有快速自生长能力的信任自主传播模型②。

第四，就研究聚焦而言，传媒领域的自组织研究显见于舆情/舆论场相关话题中，并由此延展出自组织治理研究。网络舆情系统是一个自我结构、自我发展、按自己的规律运行的自组织系统③。网络舆情具有自组织的演化动力、演化路径、内部诱因、演化形式和演化过程等特征④。以网络舆情系统结构模型为基础，结合协同学原理建构了网络舆情系统的自组织特性、自组织演化态势和网络舆情演化的自组织机理。研究发现网络舆情的非确定性、势变化、非平衡相变和涨落促使其由无序向有序演进，同时可确定网络舆情演化的方向、速度、质量和水平⑤。通过解读网络舆情治理的多主体协同与竞争的自组织特点，研究协调性惩罚机制对网络舆情环境和谐演化的促进，引导网民向正能量舆情传播转变⑥。在关于互联网治理模式的探讨中，有研究者认为"自组织"机制下的自治是互联网治理的一种可能路径，是因为互联网本身具有"自组织"的属性：一是整个互联网的进化具有自组织特征；二是在每一个具体的社区中，也

---

① 隋岩、张丽萍：《从"蚂蚁效应"看互联网群体传播的双重效果》，《新闻记者》2015年第2期。
② 郎波、高昊、陈凯：《信任传播与信任关系发现方法》，《计算机科学与探索》2011年第11期。
③ 贾举：《基于"耗散结构理论"对网络舆情有序化控制和引导的思考》，《东南传播》2009年第3期。
④ 李振华：《网络舆情自组织演化机理探析——以药家鑫案件为例》，《桂海论丛》2012年第5期。
⑤ 侯宝柱：《协同学视角的网络舆情自组织演化建模与机理研究》，《情报工程》2019年第4期。
⑥ 孙瑞英：《网络舆情治理的协调性惩罚自组织演化机制研究》，《现代情报》2020年第5期。

存在着自组织模式；三是网络中的信息生产与传播过程，也是主要由媒体与网民共同形成的自组织机制决定的；四是在一些网络事件或行动中，网络中会形成应激响应型的自组织。因此，互联网的治理，应该充分尊重与激发其自组织机制下的自治①。互联网从诞生开始，就有自组织的属性。在互联网治理中，从自组织角度来促进其内部自治，不仅必要，而且可行。互联网的自组织式自治（或网络化治理）中，有三类"节点"作用更为突出，分别为网民、网络服务提供者以及管理机构。这三类节点之间的互动，主要建立在信任机制、协同机制、信息沟通机制和调适机制上②。对于互联网这个复杂系统下的网络治理，我们更需要广泛的社会参与和社会表达，通过自组织的"涌现现象"最终形成自组织的模式来造福社会③。

第五，就研究框架而言，研究者们对媒介自组织形态进行了不同维度的区隔：互联网群体传播中的自组织现象，主要可分为"围观"和"景观"两种类型④。根据网络传播系统的互动关系，网络自组织可划分为网络信息自组织、网络关系自组织、网络关联自组织、网络效用自组织等⑤。自组织性是网络社群传播的特有秩序⑥。

第六，就研究方法而言，现有的研究中，多采用个案分析的方法。从研究文献的分布来看，广义上的信息自组织研究还涉及教育信息、政治组织、风险预警、文化发展、创新激励、城市治理等一系列使用传媒作为辅助工具的相关学科，但真正意义上传播学领域

---

① 彭兰：《"自组织"机制下的自治：互联网治理的一种可能路径》，《互联网与国家治理年度报告（2016）》，商务印书馆，2016，第 213~223 页。

② 彭兰：《自组织与网络治理理论视角下的互联网治理》，《社会科学战线》2017 年第 4 期。

③ 喻国明：《人工智能与算法推荐下的网络治理之道》，《新闻与写作》2019 年第 1 期。

④ 隋岩、曹飞：《从混沌理论认识互联网群体传播特性》，《学术界》2013 年第 2 期。

⑤ 陈仁伟：《网络自组织的伦理特点及运行规律初探》，《河南教育》（高教）2013 年第 2 期。

⑥ 周琼：《网络社群自组织传播的分享特性对社会资本的影响》，《现代传播》（中国传媒大学学报）2019 年第 9 期。

的自组织研究始于对媒体中自组织现象的观察，即将其作为"一种新的媒介组织现象"[①] 予以分析。在案例的选择上，既有对维基百科、微博、知乎等媒介自组织本体的观照，也有对媒体特别是新媒体在社会自组织形成机制中作用的分析。在这种自组织过程中，我们能看到以微博为代表的网络社群在群体思维上表现出的明显转变，即从控制路径走向更加符合自组织特征的涌现路径，网络上则体现为从"意见领袖"走向"蜂群思维"[②]。

第七，就研究价值而言，研究者们普遍认为媒介系统是一个自组织复杂系统。如果将网络传播中的信息收传者看作一个节点，他们以及他们之间的关系就构成一个复杂的网络[③]。正是由于媒体自组织的复杂性特性，亟待导入复杂性理论视角予以剖析并提出应对之策。网络时代科技信息传播必须以复杂理论系统的自组织过程控制来解决科技信息传播体系在现代科技管理及应用中的适应性[④]。网络信息的复杂性，必须采用复杂性理论来处理复杂系统过程。一个复杂系统有很多影响其行为的自然准则，系统的错综复杂甚至涉及其信息环境因素。人们虽然不能控制所有这些准则，但至少可以按照一定的方向去引导[⑤]。

当然，也存在着对于媒体自组织结构的质疑和反思。一些学者从"自组织临界现象"出发，以 UGC 为例，思考了传媒系统自组织运行机制可能导致的传播困境，并据此提出了自组织传播规制的命题。20 世纪 80 年代兴起的自组织临界性（SOC）研究指出，系统自组织运行并非总是呈现平衡渐变式的发展状态，当自组织系统长期

---

① 汤雪梅：《自组织视域下的自媒体研究》，《出版广角》2014 年第 6 期。
② 李志雄：《网络社群的变迁趋势和负效应——以微博为例的多维视角分析》，《当代传播》2013 年第 3 期。
③ 任乐毅：《网络舆情传播系统复杂性研究》，《北京邮电大学学报》（社会科学版）2014 年第 2 期。
④ 李炳英：《网络科技信息传播与应用的影响效应》，《图书馆理论与实践》2005 年第 4 期。
⑤ 孙丽昙：《网络信息传播：一种自组织复杂系统的分析研究》，《现代情报》2007 年第 5 期。

偏离平衡，就会带来系统混乱无序的后果。随着用户的关注程度下降，信息内容失去意义，真正有价值的信息内容被湮没于庞杂的信息噪声之中而难以得到传播[1]。在人人生产、全民皆传的 UGC 语境中，单纯依靠完全放任的自组织机制，知识传播将更加举步维艰且危机重重。对知识传播而言，不加约束的自组织并不是完美的信息传播机制。只有在合理的框架、引导和规制之下，自组织机制对知识生产、传播及扩散才能发挥更好的作用[2]。"大规模业余化"的信息生产，也给按自组织机制运行的 UGC 平台带来困境。只有在合理的框架和引导之下，在一定程度上对自组织机制进行干预，约束和管理用户生成内容，才能使知识生产和传播发挥更好的作用[3]。

当前研究的不足之处在于以下几个方面。首先，对于来自人文社科领域的研究者而言，自组织理论尚属于一个新鲜话题，尽管已有学者敏锐地捕捉到了该理论对于解释新媒体环境下媒介生态塑成机制的适宜性，但缺乏理论系统认知使得相关研究流于表象而未能深入其机理。其次，在具体的研究中，研究者将社会信息传播系统放置在整个社会大系统环境中思考传媒与社会之间的协同关系，缺乏对于媒介自组织系统本身演化规律的观照。再次，在研究思路上，现有的研究者虽然意识到自组织理论是一个理论体系，但往往止步于阐释耗散结构理论中所提出的自组织形成条件在传播学领域中的映照。极个别学者的研究尽管涉及协同学以及其核心概念——"序参量"，但仅仅将协同性视为 Web 2.0 时代自组织的特性，未能梳理出媒体平台的自组织机制，亦未能就传播系统中的序参量达成共识：把关人[4]；社会[5]；人

① 张紫璇：《从知乎网看 UGC 平台自组织运行机制的弊端》，《视听》2015 年第 6 期。
② 熊茵、韩志严：《UGC 语境下知识传播的困境与出路》，《现代传播》（中国传媒大学学报）2014 年第 9 期。
③ 张紫璇：《从知乎网看 UGC 平台自组织运行机制的弊端》，《视听》2015 年第 6 期。
④ 吴恭俭：《传播的负效应与耗散结构》，《湘潭大学学报》（哲学社会科学版）1996 年第 5 期。
⑤ 庹继光：《叩问传媒与社会协同发展之路——〈传媒协同发展论〉的理论视角》，《新闻记者》2007 年第 10 期。

类文化[①]；意见领袖[②]；认知力、解读力、批判力、参与力和创造力[③]，遑论将超循环理论和突变论与传播学相结合，这些都为下一步的研究留下了广阔的研究空间。

（三）自组织理论之于媒介演化研究的适切性

媒介形态演化既是整个人类社会进化的必然结果，也是一定社会历史变迁的直接动因。据此，对于媒介形态演变规律进行考察的基本前提和最终指向均为复杂社会系统的广义达尔文式进化。然而，就媒介自身的演化逻辑而言，很难用线性方程描述作为一个复杂适应性系统的媒介形态演化机制并预测其未来趋向，因此，将自组织理论代入媒介形态演化研究用以解释其中的应然性规律和实然性结果，具有相当的理论适切性。

作为一个复杂性系统，媒介具备自适应的自组织功能。亦即，尽管媒介形态的变化与社会发展进程交织在一起，是对该时期社会表征的一种响应，但如若将媒介形态的共时性特征和历时性变化结合在一起进行考察，则可以看出，媒介形态的任一演进，都会受到媒介系统内部自发的自组织演化规律的影响。正确认识这一基本原则，是准确把握媒介形态变化趋向的核心要义所在。因此，在重新定义"媒介"的过程中，从自组织视域出发的对信息传播格局和媒介生态系统的关注将成为捕捉未来媒介发展动向的重要契机。

---

① 徐善衍：《科学文化的传播普及与国民素质》，《自然辩证法研究》2005 年第 12 期。
② 陈仁伟：《网络自组织的伦理特点及运行规律初探》，《河南教育》（高教）2013 年第 2 期。
③ 甘险峰、张成良：《新媒体素养教育的自组织境域研究》，《现代传播》（中国传媒大学学报）2016 年第 5 期。

第二章　平台演进与平台媒体

制约媒介形态演化的因素有很多，经济、政治、社会、文化和科技都会对媒介形态的变迁产生影响。如若将上述因素按其重要性进行排序，来自技术的支配性力量毫无争议地排在首位，这也正是媒介史分期——前大众传播时代、大众传播时代和新媒体时代的现实依据之所在。发展至今，历经数次形态叠加及融合的媒介已日渐成为一个复杂适应性系统，特别是随着社会生态系统的进化，媒介的边界开始逐步消弭而终将发展成为一个开放的平台型组织，因此，在技术性要素之外，有必要引入一个新的影响变量和作用维度——平台——来考察其形态变迁进程及未来演化趋向。

传媒领域中的平台进化，与媒介自身的演化有着显著的同一性，二者相互嵌套、彼此杂糅，在共同演进中呈现日渐趋同并终将和合的态势。应循着广义达尔文主义普遍原理，具体表现为"媒体平台—平台媒体—智慧媒体"内化演进历程。平台媒体是这一跃迁链条上承前启后的一个必然环节，并作为一个复杂适应性自组织系统而呈现与媒体平台既沿袭又超越的基本特征。

平台媒体是一个新生事物，其概念释义和行业实践均处于动态演化进程之中，但承载其"遗传密码"的 DNA 图谱已然发育成形：开放＋共生＋学习，并支配着平台媒体的持续进化和不断完善。

第一节　传媒领域中平台演进的历史观照

"历史不会重演，但有时候却似曾相识。"[1] 对于未来媒介的憧

---

[1]　History doesn't repeat itself, but sometimes it rhymes.

憬，也不可避免地遵循一体两面的游戏规则：总是预言无法预料的东西，以及善于从过去的经验中见微知著①。毫无悬念，认识平台媒介及其演化规律的基本出发点，应该且必须以传媒领域中的平台应用及其进化为开端。

一　传媒领域中的"平台"：从经济价值到社会功能

"平台"概念的使用非常广泛，其指代对象从最初具象的物理空间发展到了抽象甚至是虚拟的基础环境，应用领域也由信息技术服务业波及经济学和管理科学直至逐渐拓展到了全社会各个领域。在百度指数上以"平台"为关键词查询，可以看出"平台"一词的搜索指数趋势呈现日益上扬的态势。

有鉴于此，"平台"已经由一个单纯的科技名词进化为辐射甚广的社会热词。即便是在传媒领域，"平台"概念的使用也是非常广泛的，诸如技术规则、发展战略、业务流程、组织结构、商业模式、运营机制、产品界面、操作环境、产业布局、市场趋向、价值判断、制度形式、经济形态等一系列不同的研究视角和应用层次均使用了"平台"这一称谓。

平台之于传媒，并不是一个新鲜事物。自大众媒体出现以来，平台关系就日益酝酿成形。尽管此时的平台关系尚不足以产生足够大的经济价值，但媒介内容和商业广告之间的双边依存性已然很好地证明了在媒体、广告主和大众之间存在一种显著的平台效应。随着传媒渠道的日渐丰富和传播系统的日臻成熟，平台开始以一种显性的方式在传媒领域发挥功用。这一时期，媒体平台作为媒介融合的作用方式之一而逐渐被频繁提及。从某种程度上说，媒介经济学就是平台经济学在传媒领域的一种映射。数字化时代的到来放大了这种平台效应，也见证着从媒体平台到平台媒体的质的飞跃。至此，

---

① 罗杰·菲德勒：《媒介形态变化：认识新媒介》，明安香译，华夏出版社，2000，第4页。

传媒领域的平台也由辅助性的外挂配备升华为必不可少的基础设施和生态环境。

如果说对平台现象的考察多出于经济性视角，对平台概念的释义则更多强调了其社会化功能。平台，简言之，是指能提供核心价值，并使内部与外部、外部与外部之间的互联成为可能的某种事物。平台以连接消费与供给的形式创造价值，并不断进行自我完善①。从内部联结关系来看，平台是在两个或多个不同群体间建立联系并让他们能够直接交流的中介②。就外部开放特征而言，平台的另一个强大优势在于无缝整合外部伙伴的资源和关系成为平台活动与能力的一部分③。可以看出，在数量众多的定义中，平台均被认为是一种普遍存在的介质，其基本属性具有显著的媒介化倾向，这也正是平台理念适切于传播领域的根本原因之所在。

平台之所以与媒介有着鲜明的契合性，一方面是因为平台的基本属性具有显著的媒介化倾向，另一方面则在于媒体本身就是一种平台化的存在。传媒领域中平台现象的出现远远早于平台概念的提炼。在商业广告诞生伊始，传媒产业中"受众—媒体—广告主"之间的联结就是一种典型的双边市场相互依存的平台关系，媒介产品与服务的价格结构及其背后的交叉补贴机制均出于此。在此之后，媒体的规模和范围持续扩张，伴随着用户数量和广告主数量的级数增长，传媒领域中的平台外部性效应越来越凸显。特别是媒介技术的狂飙突进，使得平台的影响力和传播效能被进一步放大，并由此启发了作为互联网三大规律之一的梅特卡夫定律④，媒介的价值在很

① 赵镛浩：《平台战争：移动互联时代企业的终极PK》，吴苏梦译，北京大学出版社，2012，第14页。
② 朱峰、内森·富尔：《4步完成从产品到平台的飞跃》，http://www.hbrchina.org/2016-11-10/4728.html，2016-11-10。
③ 杰弗瑞·帕克、马歇尔·范艾尔史泰恩、桑吉·乔德利：《平台经济模式：从启动、获利到成长的全方位攻略》，李芳龄译，天下杂志股份有限公司，2016，第267页。
④ 网络的有用性（价值）随着用户数量的平方数增加而增加。

大程度上由其受众数量决定，受众数量越多，媒介的影响力越大，相应的媒介价值就越高。

二　平台演进与媒介演化的趋同性

平台作为一个复杂适应性系统，从来就不是静止或固化的，应和着广义达尔文主义中关于进化定律的普适性原则，平台始终处于动态演化的态势之中。平台演化，也可被称为平台进化，是一种在市场的外部竞争压力和平台的自身内部变革诉求下引致的平台自我发展、变化和演绎的过程①。传媒领域中的平台演进，与媒介自身的演化有着高度的趋同性，以至于二者基本上是同步的。具体而言，主要体现在媒介的平台化商业进化和平台型组织转型两个方面。

平台进化在传媒领域的具体表现之一即为平台型商业模式的浮现。平台商业是由平台提供开放式、参与式的基础架构，并订定规范，促成生产者与消费者双方互动而创造价值的商业模式②。平台式商业模式将平台视为核心资源，参与者在平台关系链和价值网中相互依存，其价值主张的实现及收入来源的获得都是基于平台进化。平台模式的最高目标是媒合使用平台的生产者与消费者，促成双边的商品、服务交易，或是社交货币（social currency）交流，为参与的双方都创造价值③。从这一角度来说，掌握平台就意味着拥有运转整个商业生态系统的力量④。因此，从媒体平台到平台媒体，尽管平台应用的内化程度有所差异，但其平台化商业进化的目标都是借由引入平台逻辑以期获取更多价值创造契机和多边协同效能。

---

① 徐晋：《平台经济学（修订版）》，上海交通大学出版社，2013，第78页。
② 杰弗瑞·帕克、马歇尔·范艾尔史泰恩、桑吉·乔德利：《平台经济模式：从启动、获利到成长的全方位攻略》，李芳龄译，天下杂志股份有限公司，2016，第25—26页。
③ 杰弗瑞·帕克、马歇尔·范艾尔史泰恩、桑吉·乔德利：《平台经济模式：从启动、获利到成长的全方位攻略》，李芳龄译，天下杂志股份有限公司，2016，第25—26页。
④ 赵镛浩：《平台战争：移动互联时代企业的终极PK》，吴苏梦译，北京大学出版社，2012，第7页。

平台进化在传媒领域中的实际表现之二则是平台型组织变革的推进。21 世纪以来，组织变革领域出现的平台模式以及组织的平台化，正在成为组织变革的重要议题[①]。基于互联网的平台模式，实际上是一种对多个产业甚至是全社会资源进行开放重组和融合再造的组织方式[②]。媒介是最早受到新兴技术冲击的行业，同时也是最先拥抱平台型组织结构的领域。无论是媒体平台阶段视之为整合营销传播手段而将平台以媒体集团化的形式导入媒介组织结构调整之中，还是平台媒体阶段以平台思维指引传媒产业的全方位颠覆式创新，媒介的平台型组织变革已是一股不可阻挡的趋势，并终将聚合产生全新的平台媒体自组织系统。

三 传媒领域中平台演进的"长周期"

平台在媒介形态演变过程中的应用，经历了一个由形具到神聚的内化进程。从最开始仅仅将平台作为拓宽传播渠道和放大传播效果的整合营销传播工具，到后来倚重于平台的双边市场结构和网络外部性效应而对媒介用户资源和数据资料的存蓄和开发，再到以平台思维统辖媒介组织结构及运营理念的形塑、媒介内容生产和分发机制的设计、媒介参与者关系链和价值网的构建、媒介商业模式创新与生态系统融合的实现，最终完成媒介在微观、中观以及宏观等不同层面的整体蜕变——平台型自组织系统。这一过程始末，具体表现为应循着广义达尔文主义普遍原理而由媒体平台到平台媒体直至智慧媒体的演进历程（图 2-1）。

根据新媒介预言家保罗·萨弗提出的"30 年法则"[③]，传媒领域中"平台"理念的使用恰逢第二个十年和第三个十年的交会处，从一

---

① BCG 阿里研究院：《未来平台化组织研究报告——平台化组织：组织变革前沿的"前言"》，2016 年 9 月，第 6—7 页。

② BCG 阿里研究院：《未来平台化组织研究报告——平台化组织：组织变革前沿的"前言"》，2016 年 9 月，第 6—7 页。

③ Paul Saffo, "Six Rules for Effective Forecasting", *Harvard Business Review*, 85 (7-8), 2007, pp. 122-131.

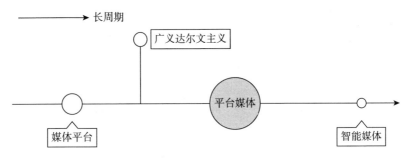

图 2 – 1　广义达尔文主义与传媒领域中平台演进的"长周期"

开始发现新大陆般的兴奋和迷惑到经历了诸多争议和反思之后向传媒业全领域的深度渗透。时至今日，传媒领域中"平台"演进已然发展至媒体平台与平台媒体的接驳阶段，经由这一质的跃迁过程，平台媒体的形貌架构与基本要义初露端倪。

第二节　质的跃迁：从"媒体平台"到"平台媒体"

平台具有与生俱来的媒介化属性，与此同时，媒介亦具备得天独厚的平台型特质。因此，平台进化与媒介演化相互嵌套、彼此杂糅，在共同演进中呈现日渐趋同并终将和合的态势。

这个趋同直至合一的过程不是一蹴而就的，而是依据接合程度的不同和融合层次的差异而分阶段展开的，具体表现为从"媒体平台"到"平台媒体"的跃迁。与媒介形态的叠加发展相类似，媒体平台和平台媒体之间也绝不是泾渭分明或者后继替代，而是一个孕育、共存和代偿的关系流程。

因此，很难准确界定媒体平台与平台媒体之间的历史分期，但可以明确的是，出于技术进化对媒介形态变迁的重大影响，至少可以从技术维度对其演化始末进行一个大致的研判，由此可知，二者之间的重大分野即为数字化新媒体技术的出现。

作为媒介演化进程中前后相继的两个媒介形态，平台媒体与媒体平台之间存在一定程度的沿袭，但更多是进化、升级和超越。平台媒体将是未来媒介发展的必经阶段，尽管尚处于探索期，但其代表着媒介演化的未来趋势，同时也将是新型媒体集团构建的必然选择。

一 平台媒体的参照坐标系

平台媒体是一个新生事物，其形貌尚未完全展露，对相关概念的界定以及属性与特质的预设，必须放置在一个恰当的坐标系中予以研究，故此，首先需要确定两个基本前提：历史的起点是什么？可资借鉴的参照物为何？

（一）平台媒体始于数字化新媒体技术发轫之始

外部并购几乎都是数字营销，不是这个就免谈，有很多传统公司，和我们说利润很好、效益很好，我们不关心这个，我们关心的是未来。对内孵化的话你必须进入数字营销，你必须进入互联网，不是这个就免谈，我不会给你孵化一个户外公司或者一个平面设计公司。不管对外的并购还是内部的孵化，都是基于数字营销，都是基于移动互联，都是基于最新的技术、最新的模式。

——广东省广告集团股份有限公司副董事长及总经理 丁邦清

（访谈时间：2016 年 11 月 27 日）[①]

作为一种商品交易及信息交换的模式，平台的出现最早可追溯至人类商业史的滥觞之始，但平台的泛化却是以技术发展为首要前提的，网际网路及相关科技让今日的平台企业有颠覆产业的惊人力量[②]，更进一步而言，互联网技术簇的涌现使得互联网平台得以撼动并终将颠覆人类社会的各个方面。无独有偶，传媒领域中平台现象的存在业已久矣，传播史上的任意一种媒介形态中都可以探查到平台的作用机理，

---

① 由笔者及研究团队根据访谈录音资料整理所得。
② 杰弗瑞·帕克、马歇尔·范艾尔史泰恩、桑吉·乔德利：《平台经济模式：从启动、获利到成长的全方位攻略》，李芳龄译，天下杂志股份有限公司，2016，第 94 页。

但同样是技术的发展放大了传媒领域中的平台效用。

网际网路助长的颠覆，主要分成两个阶段：第一阶段，有效率的通路吞噬效率不佳的通路。我们已进入颠覆破坏的第二阶段：平台吞噬线性生产型企业[①]。传媒领域中的平台化变革，与之有着较高的相关性和相似度。伴随着技术进步，平台与媒介之间的加成经历了两次较为明显的飞跃：其一，是大众媒体时代传播技术的创新促进了媒体平台的产生。在这一阶段，技术创新使得传媒领域中的平台现象日渐汇聚，印刷媒体和电子媒体作为媒体平台的源媒体彼此叠加、互为补充，并成长为一类卓有成效的整合营销传播工具。其二，则是数字化传播时代新媒体技术的创生对于形成平台媒体的贡献。新媒体技术对传媒领域的影响并不局限于媒介本体，而是波及包括用户、媒体从业者、数据服务供应商、通信技术提供者等在内的全产业链所有成员，并逐渐辐射至其所身处的整个社会政治、经济、文化环境，从而以颠覆式重构的姿态驱使着平台媒体的生发与映现。

据此可知，大众传播技术使得原本处于简单形态的平台现象聚集为整合所有媒介渠道的媒体平台，而真正使传媒领域中的平台应用产生颠覆性影响力的是数字化新媒体技术时代的到来，也正是数字技术的勃兴加快了平台与媒介融合的速率，并促使其最终内化为平台媒体。

如此一来，则基本可以判定，平台媒体萌发于数字化新媒体技术诞生之际，并随着该技术体系的壮大而日益成形，对平台媒体的研究必须将其放置在数字化新媒体技术环境之下。

（二）平台媒体的沿袭与超越

如前所述，平台媒体始于数字化新媒体技术发轫之始，呼应着技术进步"自创生"（autopoietic）[②]原理，亦即新技术并不是无中生有

---

① 杰弗瑞·帕克、马歇尔·范艾尔史泰恩、桑吉·乔德利：《平台经济模式：从启动、获利到成长的全方位攻略》，李芳龄译，天下杂志股份有限公司，2016，第96—97页。

② 布莱恩·阿瑟：《技术的本质：技术是什么，它是如何进化的》，曹东溟等译，浙江人民出版社，2014，第186页。

地被"发明"出来的，都源自以前的技术，平台媒体的出现，也是由其前身——媒体平台进化而来的，二者之间并不存在非此即彼的替代性关系，甚至在现阶段，媒体平台与平台媒体彼此交织在一起，共同引导着媒介形态的演化。在这种情况下，对于平台媒体的正确认知必须建立在与其参照物相比较的基础之上，亦即以媒体平台为基准，探究平台媒体。

媒体平台和平台媒体之间的后继式关联，决定了其相互关系的基本调性：既是一脉相承式的沿袭，更是脱胎换骨般的超越；不可越级进化为平台媒体，亦不能止步于媒体平台。

之所以称为一脉相承式的沿袭，是因为二者具有同样的外部诱因和内部动力：都是对市场变化的应和，以及都受到了技术进化的影响。一方面，作为社会信息系统的组织方式，媒体平台和平台媒体从来都不是处于封闭时空之中的，反而是应和着市场需求的变化、消费趋向的转型、价值判断的变更、资本力量的介入、知识结构的改变等诸多外在影响因素的流变，其轮廓才得以浮现并日渐清晰；另一方面，尽管作用于媒体平台和平台媒体的技术截然不同，但技术进步是驱动媒介形态演化的核心参量这一基本判断对其具有大同小异的驱动力和如出一辙的作用途径——技术在为二者的成形提供必要物质支持的同时，也以变革传播理念的方式改变其组织架构。

媒介形态的变迁，是一个突变与渐变并存的过程。因此，尽管媒体平台和平台媒体具有前后相继的历史沿革关系，但市场变化节奏的提速以及技术生命周期的加快均使得平台与媒介的加成反应速率大为增强。也就是说，平台之于媒介的内化程度的不同，带来更多的是差异，一种暗含着进化、升级及超越意味的跃迁——如果说媒体平台仅仅作用于传播链条中媒介渠道和传播效果两个环节的话，平台媒体则不仅是一类媒介形态，更是一种广泛存在的媒介生态。

二　媒体平台 vs. 平台媒体

毋庸讳言，作为媒体平台的升级态，平台媒体对于传媒领域的影响更加深远（表 2 - 1）。从纸质媒体到电子媒体，技术的发展改变了时空范围和传播速率，但究其本质仍然是单向度的线性信息流。因此，媒体平台的出现不仅未能产生动摇媒介"传—受"机制的重大革新，反而进一步加固了传受双方之间由于技术而导致的区隔。数字化新媒体技术的狂飙突进，以颠覆式创新的方式重构着整个媒介生态系统。不再"高冷"的数字化新媒体传播技术打破了横亘在从业者和受众之间的壁垒，混搭着专业从业者和业余参与者乃至技术提供者的"pro-am platform"构想借由平台媒体而成为现实。

随之而来的是一系列冲击整个传媒领域的深刻变革：传统传媒业的边界日渐消弭，多元化参与者的加入使得媒介本质和传播要素正在被重新定义。对于数字化新技术的认同及信心空前高涨，技术赋能带来了"产—消—创"者的崛起以及传媒组织的重构。因应参与者角色的转变及其分布方式和治理结构的匀质化，媒介价值主张亦发生了显著的迁移，价值共创和收益共享主导着平台媒体生态系统的构建。

对比媒体平台和平台媒体两个词条的基本释义，则可以看出其所仰仗的理论资源及组织形态有着重大差异。媒体平台强调通过媒介渠道的整合获得传播效果的叠加，基于资源整合而形成的规模经济和范围经济是其价值实现的基本前提，整合营销传播理论为之提供了基本的理论框架。对于传媒企业而言，媒体平台是其顺应市场趋势和技术流变所采取的一种企业组织方式，目标是打造一个能够降低风险并提高获利的跨媒体传媒集团，其链条式和层级化的线性本质特征并未发生改变。而平台媒体将平台视为其赖以存续的基础设施，着重于凭借数字化新媒体技术赋能而重新界定平台媒体参与者的角色及功能，自组织理论群为其传媒生态系统的构建提供了顶层设计理论支持。如果说媒体平台是以规模经济和范围经济来谋求成长而极易陷入尾大不掉的内耗，最后产生类似于经济滞胀的发展泥淖；平台媒体则不纠结于规模的大小或范围的多少，而在于其边界的开放和结构的灵活。平台媒体既有传媒巨鳄，也有小型的独角兽公司，也就是说，平台媒体不仅是一个媒体企业的战略决策，更是所有传媒组织所共同采取的市场组织方式，作为一种非线性学习型组织，它代表了整个媒介领域的未来产业趋势。

在此基础之上，媒体平台和平台媒体在价值模块度量上形成了鲜明的对比。毫无疑问，二者所采取的商业模式显著不同。媒体平台沿用了大众传播媒介的"二次贩售"商业模式，它以内容为基本价值单元而谋求获利。尽管在价值实现方式上也着力追求规模化和范围化而实现了一定程度的双边平台效应，但来自平台方与管理者的他组织管控和收益分配机制使得平台影响力被禁锢在微观层面而未能深度挖掘平台型商业模式的价值建构能力。平台媒体则将平台商业模式的价值共创及外溢效应彻底地释放了出来。作为一个在线社会信息传播系统，其价值单元呈现多元化样貌，相应的价值实现方式也丰富多样——创造/孵育/激发/拓展/增值/学习。所有的参与者以平权的方式加入平台媒体自组织系统，共创价值、共享利益、共同治理是其基本价值主张。有鉴于此，平台媒体生态系统中的价值流动绝非零和博弈，而是遵循开放协同的运行轨迹不断增值。

表 2－1　媒体平台 vs. 平台媒体

	媒体平台（Media Platform）	平台媒体（Platisher）
概念界定	通过某一空间或场所的资源聚合和关系转换为传媒经济提供意义服务，从而实现传媒产业价值的媒介组织形态叫作媒介平台 *	平台型媒体，是依托热门互联网应用或海量用户基数，拥有开放内容生产体系（UGC），以专业编辑机制与算法推荐机制相结合的数字内容生产、聚合、分发体系 **
理论资源	整合营销传播理论	自组织理论
技术系统	大众传播技术	数字化新媒体技术

续表

	媒体平台（Media Platform）	平台媒体（Platisher）
实施主体及作用对象	平台方与管理者—受众、广告客户及其他产业链利益相关者	平台媒体参与者—平台媒体参与者
价值主张	趋利 - 控制	赋能 - 共创 - 共享 - 共同治理
价值实现方式	规模/范围/管控	创造/孵育/激发/拓展/增值/学习
价值单元	单一内容	多元成分（内容、关系、数据等）
主导性力量	传媒企业	互联网企业及科技公司 + 传媒企业
组织结构	链条式 + 层级化	模块化递归 + 平台集簇
商业模式	"二次售卖"商业模式	平台型商业模式
文化基因	整合叠加的规模化	开放协同的生态化
平台性质	程控"外挂"	基础设施
演化方式	他组织	自组织（ + 他组织）
产业功能	资源聚合及渠道分配	价值共创与关系匹配
组织载体	企业组织方式	市场组织方式
战略定位	跨媒体传媒集团	在线社会信息传播系统 ***
……	……	……

资料来源：* 谭天：《基于关系视角的媒介平台》，《国际新闻界》2011 年第 9 期。

** 杰罗姆：《中外互联网巨头重新定义 "平台型媒体"》，http://jerome. baijia. baidu. com/article/444616，2016 年 5 月 10 日。

*** 吕尚彬、戴山山：《"互联网 +" 时代的平台战略与平台媒体构建》，《山东社会科学》2016 年第 4 期。

三　平台媒体的概念界定

在媒介形态的演化历程中，平台媒体是一个承上启下的关键节点。作为一个新生媒介形态，平台媒体的结构组分并不十分完备，整体样貌也尚未完全清晰，但其之于媒介形态演化史的重要作用已然凸显。平台媒体脱胎于媒体平台，继承并聚合了媒体平台延续至今从媒介本体到媒体外延的几乎所有的优势特性和优良资源；同时，作为媒体平台的比较级形态，平台媒体在集大成者的基础之上，进一步催化了平台和媒介之间的加成反应，从而衍化出更具适应性的媒介特质和组织架构。与之相应的，如若将其置于媒介形态变迁的动态发展视角之中，平台媒体又是未来智慧媒体的母体。平台媒在组织结构、传播理念、商业模式、关系界面、交互方式等方面，为智能化媒体的演化积蓄了能量，是孵化智能媒体的逻辑前提。

有鉴于此，平台媒体的存在价值不言而喻。平台媒体甫一诞生，有关这一新鲜事物的一切均处于萌芽探索期，未能形成一个被普遍认同的规范性定义。除此之外，平台媒体作为一个复杂适应性系统所暗含的动态复杂性和相对不确定性，又使得在界定相关内涵及外延时往往难以把握其演化节律。就现有的认识水平来看，不同的研究视角——技术系统、价值范式、组织结构、商业模式、产业功能等，对于平台媒体的理解和释义大相径庭。但可以预见的是，随着相关实践在产业领域中的推进，对其认知也将以剖面解构的形式不断加以累积并最终趋于完善。

在平台媒体的诸多特性中，最显著也是最根本的"元特质"乃是自组织化——平台媒体所呈现的种种外部特征及内在属性均来源于自组织。毫不夸张地说，自组织不仅决定着平台媒体的现况，还影响着其未来演化趋向。因此，将自组织理论引入平台媒体认知，将有助于更为准确地勾勒出其基本轮廓以及未来发展图景。

从这一理论视角出发，则可以对平台媒体的概念进行体现其动态演化性质的界定：平台媒体是遵照自组织逻辑而演化发展的一种自组织媒介系统。从结果上来看，平台媒体是基于平台战略而形成的自组织在线社会信息传播系统[1]，其本质呈现自组织形态；从过程上来看，平台媒体的存续条件、核心动力和发展路径等运作机制无一不遵循自组织演化规律。

第三节　平台媒体迭代史

媒介形态的演进，在突变与渐变的共同作用之下，表现为一个

---

[1]　吕尚彬、戴山山：《"互联网＋"时代的平台战略与平台媒体构建》，《山东社会科学》2016 年第 4 期。

"长周期"和"短周期"并存的历史发展过程，在这一过程中既有新兴媒介的创生，也有现有媒介的迭代。与媒介形态的持续演进相呼应，平台媒体亦处于动态进化的过程之中，对这一概念的认知也随着实践的推进而日渐完善。

平台媒体迭代史是平台媒体释义发展史和平台媒体实践进化史彼此促进、相互交织的一个复杂变化过程。按照其核心主导性力量——互联网平台公司与传统主流媒体，亦即技术与内容——作用配比，平台媒体的演化可以分为三个阶段（图 2 - 2）：第一阶段，互联网平台公司与传统主流媒体殊途同归，综合了平台的开放性技术优势和媒体的专业性内容权威的平台媒体由此产生；第二阶段，互联网平台公司强大的技术优势和海量的用户资源使之拥有更多的话语权，在不断挤压传统主流媒体生存空间的同时，重新定义并强势主导平台媒体的演化发展；第三阶段，互联网平台公司完全占据支配地位，传统主流媒体作为真正意义上的内容供应商而成为其附庸。

"平台媒体"（platisher）一词的出现是作为 platform 和 publisher 的合成词而提出的，Medium、Gawker、BuzzFeed、Vox、Forbes 等被认为是平台型媒体的先行者[①]。发展至今，平台媒体既包括 BuzzFeed、Medium、今日头条等互联网原生型平台媒体，也包括谷歌、Facebook、BAT 等互联网平台公司拓展型平台媒体，还包括《华盛顿邮报》等传统主流媒体融合型平台媒体。

创生于 2014 年 2 月的"Platisher"，最初被理解为"既拥有媒体的专业编辑权威性，又拥有面向用户平台所特有开放性的数字内容实体"。[②] 彼时，尽管对于"平台媒体"的定义尚未形成共识，但就其初步的描述性解释来看，平台媒体将以"平台 + 媒体"的形式存在，亦即综合了平台的开放性技术优势和媒体的专业性内容权威：

---

① Jonathan Glick，"Rise of the Platishers：It's Something in between a Publisher and a Platform"，http://www.recode.net/2014/2/7/11623214/rise – of – the – platishers，Feb. 7, 2014.

② 杰罗姆：《平台型媒体，科技与媒体缠斗百年再平衡》，http://www.tmtpost.com/177842.html，2014 年 12 月 16 日。

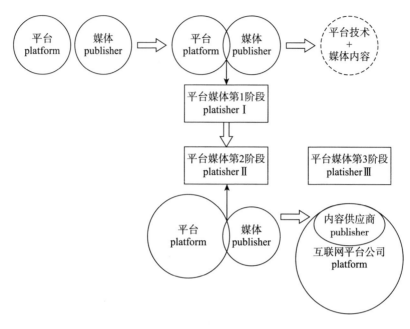

图 2-2　平台媒体迭代史

资料来源：笔者自制。

一方面，以强大的算法技术为优质的内容导流；另一方面，则以开源的内容生产与分发聚集更多的流量。

　　BuzzFeed 公司 CEO、《赫芬顿邮报》联合创始人乔纳·佩雷蒂被认为是当今最具洞察力的互联网观察家之一，他指出：作为一个内容生产者，在这个时代能获得的最具竞争力的优势，就是利用技术、科学数据更好地管理、协调内容生产①。佩雷蒂极富预见性地意识到了用户对于社交应用的依赖，于是在 2014 年底，他开始着手调整公司战略：不同于绝大多数内容供应商致力于将用户注意力吸引至自己的网站，BuzzFeed 将原文、图片和视频直接发布在用户已然使用的各类平台之上。更为重要的是，与传统媒体"一个声音，多种渠道"的业务程序不同，BuzzFeed 会依据网络和用户的不同而

---

　　① 殷丽萍：《BuzzFeed：美版"今日头条"的另类玩法》，《中外管理》2016 年第 5 期。

"量体裁衣"。其结果是，尽管 BuzzFeed 多达 75% 的内容发布在其他平台之上，但每个月 50 亿的浏览总量和 80 万网站流量使其足以傲视《纽约时报》等一众老牌媒体①。

创立了 Blogger 和 Twitter 的埃文·威廉姆斯在回答 Medium 究竟是什么的时候，做出了如下解释：Medium 是一家内容供应商，同时也是一个平台；Medium 是 Medium 平台之上的内容供应商之一，而该平台亦可以为其他内容供应商所用②。也就是说，Medium 是一个存在于传统媒体与技术平台之间的中介形态，它模糊了二者的边界。

互联网平台公司在发展中呈现越来越明显的媒介化特征，而传统主流媒体则在路径选择上表现出强烈的平台化意愿，二者之间的合作而非竞争成为必然（图 2 - 3），平台媒体应运而生。因此，在平台型媒体概念诞生之初，媒介观察家们多认为纠结于究竟是"媒体 + 平台"抑或是"平台 + 媒体"是无意义的，因为无论是"平台型媒体"还是"媒体型平台"都必须同时具有平台技术优势和媒体内容权威。

在此之后的两年间，互联网企业和传统主流媒体从不同维度各自践行着平台媒体战略，并各有得失。经由从业者实践的不断修正，平台媒体被赋予了新的内涵和外延，也需要被重新定义——平台型媒体，是依托热门互联网应用或海量用户基数，拥有开放内容生产体系（UGC），以专业编辑机制与算法推荐机制相结合的数字内容生产、聚合、分发体系③。技术、用户、内容、采编和算法成为平台媒体的五大核心要素（图 2 - 4）。

可以看出，时至今日，平台媒体已不再满足于"平台 + 媒体"

---

① Noah Robischon, "How Buzz Feed's Jonah Peretti Is Building A 100-Year Media Company", *Fast Company*, 2016 - 02 - 16.

② Mathew Ingram, "Is Medium a Platform or a Publisher? And Is Matter a Magazine or a Collection? Yes", June 9, 2014, https://gigaom. com/2014/06/09/is-medium-a-platform-or-a-publisher-and-is-matter-a-magazine-or-a-collection-yes/.

③ 杰罗姆：《中外互联网巨头重新定义"平台型媒体"》，http://jerome. baijia. baidu. com/article/444616，2016 年 5 月 10 日。

图 2-3 阿里巴巴的媒体帝国

资料来源：https://www.sohu.com/a/85225377_376155，2018-11-13。

的简单组合，而是追求这一集合行为背后所形成的耦合关系。平台的开源技术和用户资源依然非常重要，媒体的内容特长也不遑多让，但真正使平台媒体充满生命力的影响因素则是专业编辑机制与算法推荐机制的深度结合和有效运行，以及随之而来的参与者角色的转换和媒体组织结构的突破。

尤其值得注意的是，在这个"平台+媒体"一拍即合的结合中，绝对不是一场势均力敌的渗透或融入。互联网平台公司强大的技术优势和海量的用户资源使之拥有更多的话语权，尽管传统媒体一再强调内容对于媒介发展的重要性，但就目前看来流量的短时变现力远大于内容的长期回报率。将互联网平台公司的迅猛发展和传统主流媒体

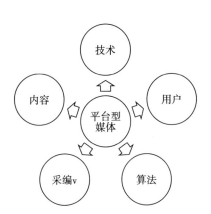

图 2-4 平台媒体的五大核心要素

资料来源：杰罗姆：《中外互联网巨头重新定义"平台型媒体"》，ht-tp://jerome. baijia. baidu. com/article/444616，2016-05-10。

的日渐式微两相对照，前者主导平台媒体的可能性和可行性无疑更大一些，并使得平台媒体爆发出不同于媒体平台的强劲势能（图 2-5）。

发展至今，平台媒体的大致轮廓及其进化取向已基本确定。平台媒体实际上是互联网平台公司与传统主流媒体相互触碰、彼此结合的一种混搭组织（Hybrid Organization），平台的技术优势和媒体的内容资源在平台媒体上得以重新排列组合，最终交织成为驱动其自组织演化发展的混合动力。

在平台媒体中，不仅有传统媒体与新媒体之间的融合，还有新媒体与新媒体之间的合体。在此之所以借用网络游戏中"合体"的概念，是因为不同于融合所强调的"技术功能趋于一致，业务范围趋于相同"的相互渗透和彼此合一，合体是以目标任务为导向的平台媒体参与者自主聚合及自由离散。当聚合在一起时，参与者个体的能量可以得到最大限度的发挥，并在加成后得以产生超乎预期的核爆效果；而当处于离散状态时，每个参与者仍旧能够继续自身的运行，并随时准备因应目标任务的新需求而投身于另一次聚合。对平台媒体自组织系统而言，每个平台媒体参与者都是一个自由基，"合体"既是一项技能也是一种机能，平台媒体自组织系统的模块化

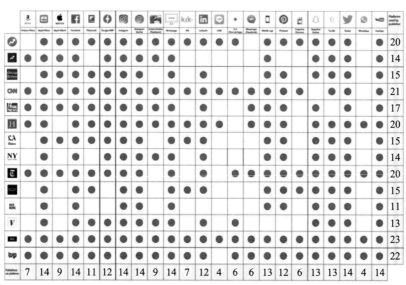

图 2 - 5　主导平台媒体的互联网平台公司及作为内容供应商的传统主流媒体

资料来源：Emily Bell and Taylor Owen，"The Platform Press：How Silicon Valley Reengineered Journalism"，*The Tow Center for Digital Journalism*，March 29，2017。

结构和试错机制使之成为可能。

《华盛顿邮报》的"亚马逊化"是打造"平台媒体"的经典案例之一。尽管杰夫·贝索斯以个人身份收购了《华盛顿邮报》，但在具体的数字化转型与再造过程中，他的互联网出身还是在某种程度上推动了以技术见长的互联网平台公司——亚马逊与靠内容支撑的传统主流媒体——《华盛顿邮报》之间的联姻，具体包括：在亚马逊 Kindle Fire 中预装《华盛顿邮报》的 App、亚马逊 Prime 会员以优惠价格在线访问该报新闻信息、借用亚马逊的推荐算法改变《华盛顿邮报》的内容分发和展示方式，等等。

反观国内，腾讯地方站的"大"网战略一度被视为报网融合模式的有益尝试，大渝网、大成网、大秦网、大楚网、大闽网、大粤网、大豫网、大湘网、大申网、大浙网、大辽网、大苏网、大燕网等城市生活门户（或称互联网综合服务平台）的成立，从表面来看，是腾讯作为互联网公司以自身的用户及流量资源与地方大型报业集团之内容及影响力的优势互补，然而究其本质，实乃平台型互联网公司与传统主流媒体之间的又一次"技术＋内容"的平台媒体探索之旅。

当然，平台媒体作为一个新生事物的创新扩散也并不是一蹴而就的。就在 BuzzFeed 成功筹得 2 亿美元 G 轮投资的同时，Medium 宣布其裁员方案并计划调整其商业模式，遑论创造了 Platisher 概念的乔纳森·格里克所创办的平台型媒体 Sulia 也已关张。平台媒体是一个在持续创生中不断试错的动态事物，其间充斥着各种可能性，技术和内容的相互注入也需要经历一个排异反应免疫期。新浪总编辑陈彤转战小米复又回归一点资讯及凤凰网的经历，无疑是对"技术＋内容"双轮驱动模式实际操作之难度系数的一种验证。

第四节　平台媒体的基本特征

如前所述，平台媒体就是将平台的本质内化于微观层面的媒体组织、中观层面的媒介产业乃至宏观层面的媒介经济的一种新型媒介结构形态。与此同时，诞生于互联网时代与移动互联网时代之交的平台媒体之所以得以孵化并发展壮大的充分必要条件是新媒体技术的勃兴。因此，它的基本特征首先来源于两个方面，即在呈现"平台"属性的同时兼具"新媒体技术"特质。

在此基础之上，平台媒体因其作为一个复杂的社会系统，在媒介形态变迁的过程中，进一步生发出"自组织"、"中间性组织"和"界面"等诸多特征，共同推动着平台媒体的整体进化。其一，平台媒体是遵照自组织逻辑而演化发展的一种自组织在线社会信息传播系统，其运作机制、最终形态和演化趋向无一不秉承"自组织"的演变逻辑。其二，平台媒体并不是某一个或某一类媒体组织的代称，而是在数量众多且关系密切的平台媒体参与者协同作用下所形成的一个以任务为导向的分工协作网络，即以"中间性组织"形式而存在。其三，平台媒体跳脱了大众传播时代仅仅将媒介视为传播渠道的狭隘认知，而创造性地将其视为一个连接人与数字化设施的资源配置和价值创造的新"界面"。

一　呈现"平台"属性的平台媒体

平台媒体是平台型组织在传媒领域中的具体实践，也借此表现出极为强烈的平台特征。对于平台的认识，研究者们从各自的学科背景出发给予了不同的解释，分别指涉平台的多个相面。通过梳理相关词条，可以从中提取一个近义词聚类：媒合、连接、连动、联结、分享、沟通、交互、交流、互动、集成、整合等。对其进行语义分析，可以看出，不论是现实场所还是虚拟空间，平台都作为一种"介质"而存在。因此，就其基础功能而言，"平台"几乎可以被视为媒介的代名词，如此说来，"平台"之于传媒领域，并不是一个新兴事物，而平台媒体也必须因循资讯交流、价值创造、多维互动等平台化的传播规律。

更进一步而言，有关"平台"的经济学研究和社会学观察对于正确认识平台媒体亦具有十分重要的意义。传媒经济学对平台经济相关概念的引介由来已久，双边/多边市场结构、网络外部性效应、多属行为策略等平台经济特征是媒介经济研究的重大理论资源，并随着新兴技术的不断涌现而成为媒介融合背景下构建新型主流媒体集团的基本分析框架和首要路径选择。

除此之外，平台化组织还代表着未来组织的发展方向，媒体组织亦不能例外。BCG（波士顿咨询公司）发现并提炼出了平台化企业组织的四大重要特征：大量自主小前端、大规模支撑平台、多元的生态体系以及自下而上的创业精神①。将这一系列组织特征应用于

---

① 阿里研究院：《未来平台化组织研究报告——平台化组织：组织变革前沿的"前言"》，2016年9月。

平台媒体之时，平台媒体在其组织结构中则顺理成章地呈现开放、多元、协作、共创和去中心化等属性，并由此朝着平台媒体自组织生态系统的方向演进。

平台媒体是一个跨越个体、组织、行业和产业边界的事物，其"平台"属性的作用领域亦非常丰富：是作为技术界面的平台，也是作为内容工具的平台，还是作为商业模式的平台，更是作为组织结构的平台，而且是作为战略导向的平台，甚至是作为产业构面的平台，等等。平台概念在平台媒体中的指代，已经超越了宏观、中观或微观的阈限，而成为一种生态化存在。

二 基于"新媒体技术"的平台媒体

平台现象由来已久，但真正使之大放异彩的莫过于互联网时代以及移动互联网时代的到来，毫不夸张地说，新媒体技术，尤其是以"大智移云"①为首的新兴技术簇的不断涌现和持续迭代成为平台媒体得以存续并演化发展的充分必要条件。随着互联网的发展，新媒体越来越不局限于"媒体"的属性，而是具有了综合"平台"的属性。作为平台，新媒体既是传播平台，也是经营平台，同时还是人们的工作、生活、社交平台，这也意味着人们现实空间与虚拟空间界限的模糊②。

从应然性的角度来看，平台媒体作为互联网平台公司与传统主流媒体彼此耦合的产物，应兼具平台技术优势和媒体内容特长。但就实际发展状况而言，技术的强大冲击力不仅作用于平台也深刻地影响着媒体内容的产制，导致的直接结果是技术以压倒性态势主导着平台媒体的演进。也就是说，在平台媒体之上，技术和内容远非平分秋色，而是技术作为核心序参量从数据能量、应用能力和创新的可能性三个维度对内容生产和分发实施全方位的数字化赋能。

---

① 大数据、智能化、移动互联网和云计算。
② 彭兰：《"新媒体"概念界定的三条线索》，《新闻与传播研究》2016 年第 3 期。

故此，以互联网和移动互联网等新媒体技术为支撑的平台媒体，基本具备了数字化新媒体技术的所有特性：链接、匹配、联结、参与、分享、非线性、交互性、个性化、泛在性等等，不一而足。未来，因应技术的进化，平台媒体也将随之不断演进——如果说人工智能是技术发展的最终归宿的话，智能媒体也将成为未来媒体发展浪潮的最高形态。

三 遵循"自组织逻辑"的平台媒体

社会系统被认为是一个复杂的自组织动态（self-organizing dynamics）系统，具有开放、高维和非线性的特征[①]。与之相类似，人类传播系统事实上是一个复杂的、有适应性的系统，传播的每一种形式都会受到系统内部自然发生的自组织过程的影响[②]。

作为一个复杂性系统，媒介具备自适应的自组织功能。亦即，尽管媒介形态的变化与社会发展进程交织在一起，是对该时期社会表征的一种响应，但如若将媒介形态的共时性特征和历时性变化结合在一起进行考察，则可以看出，媒介形态的任一演进，都会受到媒介系统内部自发的自组织演化规律的影响。具体到平台媒体阶段，受到平台属性和技术特质的影响，平台媒体的自组织特性表现得尤为明显：首先，平台是一个广泛意义上的"开放"体系；其次，互联网是比传统媒介多一个维度的"高维"媒介[③]；再次，平台媒体参与者的价值创造得益于其"非线性"关系的构建。

据此，平台媒体在其演化过程中，也自然而然地遵循着自组织逻辑并日益发展成为一个平台媒体自组织系统——耗散结构理论决定着平台媒体存续的基本条件、协同学与平台媒体发展的核心动力

---

① Eoyang, Glenda H., "Human Systems Dynamics: Toward a Computational Model", *Numerical Analysis and Applied Mathematics*, Vol. 1479, 2012, pp. 634–637.
② 罗杰·菲德勒：《媒介形态变化：认识新媒介》，明安香译，华夏出版社，2000，第 24 页。
③ 喻国明：《互联网是一种"高维"媒介——兼论"平台型媒体"是未来媒介发展的主流模式》，《新闻与写作》2015 年第 2 期。

密切相关、超循环理论造就了平台媒体的主要形式、突变论引导平台媒体的演化途径、分形理论和混沌理论推演出平台媒体的时空构造。在某种程度上，可以论断：平台媒体是遵照自组织逻辑而演化发展的一种自组织媒介系统。

四 作为"中间性组织"的平台媒体

中间性组织[①]，又称中间态组织，是数字经济所孕育的一种新型社会组织形式。就其经济本质而言，中间性组织是介于市场与企业之间且以价格和权威的双重协调为特征的新兴经济组织的统称，它的出现是分工、市场与企业三者循环演进的必然结果。与此同时，中间性组织也具有相应的社会属性，从社会学视角探究其存在价值，中间性组织乃植根于一定的社会网络结构中，是各种社会关系嵌套交织的自然产物。除此之外，按照其价值生产方式，中间性组织是以任务为导向、以合作契约为载体的一种合作运行模式，即网络内的企业依据市场机遇（任务目标）确立临时性的合作小组[②]。可以看出，无论是何种形态的中间性组织均极为强调成员之间的合作性竞争关系，其最终目的在于以协同创新的集体理性创造价值增量。

商业文明在中间态组织上经过了三个阶段：家、企业和平台[③]。无数个有密切联系的单个企业外部网络化后结成的网络就是中间性组织[④]，因此，平台是新商业文明时期的中间态组织形式。平台成员之间由于分工的不同而存在显著的差异性和高度的互补性，使之能够

---

① 中间性组织是一种以权威（命令）机制和价格机制为协调机制的协调经济活动或交易、组织分工的制度形式，这种制度形式表现为一种具有专用性资产安排的关系契约，并且这种制度形式深深嵌入于社会关系的网络之中，权威机制与价格机制作用的方向与范围将受到社会结构的影响。
② 杨蕙馨、冯文娜：《中间性组织研究——对中间性组织成长与运行的分析》，经济科学出版社，2008，第153页。
③ 姜奇平：《平台经济的中国之路》，阿里研究院：《平台经济》，机械工业出版社，2016，第82—84页。
④ 杨蕙馨、冯文娜：《中间性组织研究——对中间性组织成长与运行的分析》，经济科学出版社，2008，第82页。

以动态联盟的方式产生网络化协同效应。在这一过程中，技术，尤其是数字化技术的出现大大加快了平台作为中间性组织的成长速率。

如若将平台型中间性组织加以泛化推广，平台媒体亦是一类典型的中间性组织。平台媒体并不是某一个或某一类媒体组织的代称，而是在数量众多且关系密切的平台媒体参与者协同作用下所形成的一个以任务为导向的分工协作网络，即以"中间性组织"形式而存在。从媒介经济学视角来看，平台媒体作为一个经济有机体，呈现鲜明的中间性组织形态——彼此独立的平台媒体参与者之间形成利益共享、优势互补和合作竞争的分工协作网络，并以开放体系、模块化结构和代偿机制推进资源重组和关系重构，从而能够更灵活地组织生产以及更敏捷地响应需求。

正如任何具象的社会组织都要经历产生、发展和消亡的自然进化过程，中间性组织的成长演化亦遵循一定的生命周期。从媒体平台到平台媒体的演化正是平台型中间性组织的循环演进和波动成长在传媒领域中的事实展现，因循这一普适性规律，媒体平台也终将消融于平台媒体之中。

五 以"界面"为表征的平台媒体

界面，是一个计算机术语，最初被用于表述屏幕等硬件设施和操作系统等软件配置。随着互联网的深化以及移动互联网的普及，界面一词逐渐广为人知，操作界面、应用界面、用户界面、人机界面等相关概念亦层出不穷，并日益被赋予更加丰富的内涵。上海报业集团于 2014 年推出其媒体融合发展项目"界面"，也是以"界面"为由头将读者引入其新闻生产过程，从而标榜其"一家全民参与的精品商业新闻网站"的定位。

今天界面一词既可以是名词，也可以是动词①——在一种意义

---

① 迈克尔·海姆：《从界面到网络空间——虚拟实在的形而上学》，金吾伦等译，上海科技教育出版社，2000，第 76 页。

下，界面指计算机的外围设备和显示屏；在另一种意义下，它指通过显示屏与数据相连的人的活动①。平台媒体中的界面，更侧重于后者。平台媒体跳脱了大众传播时代仅仅将媒介视为传播渠道的狭隘认知，而创造性地将其视为一个连接人与数字化设施的资源配置和价值创造的新"界面"。

从根本上讲，所谓平台型媒体，就是某一种主流的互联网应用，与内容生产体系有机结合之后所产生的媒体界面②。就其物理属性而言，平台媒体界面无外乎电脑屏幕、电视屏幕、手机屏幕等各类视屏终端，既是用户与设备的分界，也是内容汇集以及信息互换的交界。但在实际的运行过程中，平台媒体界面所呈现的意义远不止于此，界面指的是一个接触点，软件在此把人这个使用者和计算机处理器连起来③。更具体地来说，界面之于平台媒体的重要性在于它改变了由计算机控制世界的方法，转而通过一种产品、服务、内容、信息、资源、数据等的聚合，帮助平台媒体以系统化且自动化的方式，吸引并鼓励平台媒体参与者在该界面上主动寻求关系以及价值的连接、集合、过滤、匹配和管理。也就是说，界面最终会变成自我配置的平台，让组织在此基础上进行扩张。在许多情况下，这些过程一开始都是手动的，随后逐渐染上了自动化的色彩④。

对于平台媒体自组织系统而言，界面是一个与模块化结构和试错机制相配套的外在环境，同时也是共同治理理念和生态系统战略得以推进并获得成效的内生基础。

---

① 迈克尔·海姆：《从界面到网络空间——虚拟实在的形而上学》，金吾伦等译，上海科技教育出版社，2000，第80页。
② 杰罗姆：《中外互联网巨头重新定义"平台型媒体"》，http://jerome. baijia. baidu. com/article/444616，2016 – 05 – 10。
③ 迈克尔·海姆：《从界面到网络空间——虚拟实在的形而上学》，金吾伦等译，上海科技教育出版社，2000，第79页。
④ 萨利姆·伊斯梅尔、迈克尔·马隆、尤里·范吉斯特：《指数型组织：打造独角兽公司的11个最强属性》，苏健译，浙江人民出版社，2015，第109页。

第五节　平台媒体的 DNA 图谱

必须明确的是，对平台媒体的深度剖析不是为了将现象级媒介产品对号入座，也不止于找出它与媒体平台之间的差异，再加上平台媒体自身尚处于持续进化和不断完善的过程之中，相关研究的首要价值在于找到役使其演化发展趋势的平台媒体 DNA 图谱，并以此为基础大致描绘出未来媒介发展的可能图景。

生命科学领域中所指的 DNA 即脱氧核糖核酸，其所携带的遗传指令以基因转录的方式引导生命机能运作，通过控制遗传性状和调节活性状态，DNA 能够决定生物体的生命规律。因此，绘制 DNA 序列图谱的人类基因组计划被列为 20 世纪人类自然科学史上的三大科学计划之一。

与之相类似，平台媒体也具有承载其"遗传密码"的 DNA，这些 DNA 是平台媒体得以存在并进而发展的核心要义所在。平台媒体的 DNA 究竟为何？从平台媒体的基本特征出发而追根溯源，可以较为精确地勾勒出其 DNA 图谱——"开放 + 共生 + 学习"。

不同于一般意义上的显性特点，"平台媒体"所隐含的三个 DNA 及其图谱不仅能够幻化出现有的诸多基本特征，而且随着媒介生态的进化还能自组织地生发出新的形态和特质。

一　平台媒体 DNA 图谱之开放

按照 Glick 的观点，就其概念界定来看，平台媒体的原生形态主要有两类：内容供应商（publisher）和平台服务商（platform）。无论是内容供应商的"开放"还是平台服务商的"开放"，都会由此产生平台媒体[1]，因此，开放无疑是平台媒体最为核心的 DNA。

---

[1]　Joshua Benton, "Should The New York Times Become a Platisher?", http://www. nieman-lab. org/2014/02/should-the-new-york-times-become-a-platisher-or-at-least-something-similar-that-doesnt-have-the-worst-name-in-the-history-of-names/, Feb. 18th, 2014.

开放，意味着打破边界、释放能量、兼容并蓄、解放思维，是平台媒体最基础的 DNA，也是平台媒体之所以存续的首要前提。在平台媒体的"开放"DNA 之上，存在 4 个基因片段：开放的体系架构、开放的平台边界、开放的输入/输出通道、开放的组织文化。

第一，体系架构是开放的。平台媒体的技术支撑是网络新技术，因此，大数据、云计算、区块链等网络技术所具有的开源特性决定了平台媒体的体系架构是开放的。任意参与者都能够以较低成本甚至是无偿的形式参与平台媒体运作的各个环节，他们秉持平等的原则共建了一个关系和价值自由流动的分布式网络架构并分享网络外部性效应的外溢。

第二，平台边界是开放的。在平台媒体上，不再有生产者和消费者、传播者和受众、制造者和用户的严格区隔，成员之间可以任意切换角色身份，他们既是参与者又是合作伙伴，既是多任务执行者更是"产—消—创"者。与此同时，平台媒体的准入/退出门槛非常低，根据市场趋势和用户需求，能够不断接入新的关联伙伴或随时分离出无关对象，所有成员只要遵循基本游戏规则即可自由加入或脱离平台媒体组织。

第三，能源输入及产品/服务输出是开放的。对于平台媒体而言，数字化生产资料、数字化工具手段和数字化产品/服务使其摆脱了对专业设备和专业技能的依赖，数据的采集、内容的产制、产品/服务的存储与输出以及反馈都是在多元开放环境下完成的。在平台媒体与外界的物质、能量、信息的交流和交换过程中，原有的政府控制和市场调节的作用被大大弱化，取而代之的是自组织治理模式。

第四，组织文化是开放的。"互联网＋"时代为平台媒体孕育了新的劳动者，他们以数字化劳动工具发掘并作用于新的劳动对象，这些丰裕而非稀缺的新的物质生产力要素及其非零和博弈的运作规则要求与之相匹配的组织文化。这种文化具有包容而多元的特征，在鼓励交互和协作的同时能够随着平台媒体演化而持续进化。从这种意义上来说，平台媒体的组织文化应是一个体现其 MTP（Massive

Transformative Purpose，宏大变革目标）的开放式组织文化。

　　腾讯的迅猛成长无疑得益于其基数庞大的 QQ 用户群，由用户而生成的流量支撑着几乎整个腾讯平台的运转。在腾讯企业发展的早期阶段，这种用户红利成为其市场拓展和产品运营无往不利的资源禀赋，但也正是这种裹挟着海量用户的产品掠食和渠道截杀，让腾讯在迅速攻城略地的同时，也酝酿着危机——"垄断平台拒绝开放"被认为是企鹅帝国饱受争议的原罪之一，甚至一度招致了同行和舆论的指控和声讨。2010 年 7 月《计算机世界》刊出封面文章《"狗日的"腾讯》堪称围攻腾讯的"檄文"，掀起了互联网界发难腾讯的第一波浪潮。2010 年 9 月开始的奇虎 360 与腾讯之间那场著名的 "3Q 大战" 让腾讯第一次体会到了切肤之痛，在近两个月的攻防之战中，受到舆论围剿的腾讯元气大伤。尽管"不兼容"和"二选一"的战略决策现在看来依然是唯一正确的选择，尽管"一个非常艰难的决定"被网民们当作狂欢的由头而掀起了调侃和恶搞的热潮，但腾讯的价值观受到冲击和质疑已是不争的事实。腾讯开始重新理解和定义"平台"。用户资源作为平台双边市场结构中至关重要的一方的战略地位并未动摇，但将"开放"作为其核心能力的新战略开始逐步成型。随着腾讯开放能力的跃升，"共生"理念及构建生物型组织决策逐渐清晰，马化腾在致合作伙伴的公开信中提出：在开放协作思路下，互联网的很多恶性竞争都可以转向协作型创新。利用平台已有的优势，广泛进行合作伙伴间横向或者纵向的合作，将是灰度创新中的一个重要方向①。

二　平台媒体 DNA 图谱之共生

　　共生（mutualism）原指不同生物之间所形成的紧密互利关系。随着生态系统理念的泛化，这一生物学概念也被逐渐推演至社会科

①　吴晓波：《腾讯传：1998 - 2016：中国互联网公司进化论》，浙江大学出版社，2017，第 319 页。

学领域，用来解释社会体系内部以及不同社会体系之间乃至整个社会系统的存在状态，并成为平台媒体的基础 DNA 之一。

平台媒体的组织结构是平台化，而平台的本质是用科技来连结大众，提供工具，让所有人能一起创造价值①。因此，平台媒体的"共生"DNA，决定了平台媒体是一个参与分享、协同激励和价值共创并存的社会型平台化组织。

首先，不同于传统的线性生产模式中倚重于资源占有而倡导的排他性竞争关系，平台媒体的双边或多边结构、媒介生产的"硬件—软件范式"以及平台交叉网络外部性都要求吸引尽可能多的参与者进入平台生态系统之中，通过合作者、利益相关者乃至竞争者之间网络化的参与和分享，所有成员都能够以直接互惠或间接互惠的方式获益于网络效应的外溢。

其次，新技术催生了新的分工体系，大规模社会化协同成为主流，平台媒体也是如此。平台媒体自身及其参与者之间的边界日益模糊，原有的差序格局被打破的直接结果就是平台媒体日益呈现模块化组织结构形貌。用户需求的多元化要求平台媒体所提供的产品和服务必须能够灵活应对、敏捷响应，任务驱动下的工作组或小团队应运而生。硬性的竞争关系让位于柔性化的价值共创，每一个参与者的活力被激发出来，并通过与他者的协同而获得倍增效益。

再次，平台媒体共生 DNA 的终极目标是实现增值。与生命体的各个器官有机结合一样，平台媒体所有参与者的共生是为了实现量化增值和价值增值。量化增值是指通过参与者内部和参与成员之间的协同完成绩效的指数型增长，众多被称为"独角兽"的创业公司正是在共生中觅得了量化增值的市场和动力。与之相对应，平台媒体的共生还表现为技术生态系、商业生态系和文化生态系的杂糅和渗透，通过"技术—经济"、"技术—文化"和"经济—社会"等不

---

① 杰弗瑞·帕克、马歇尔·范艾尔史泰恩、桑吉·乔德利：《平台经济模式：从启动、获利到成长的全方位攻略》，李芳龄译，天下杂志股份有限公司，2016，第352 页。

同属性的影响范式之间的振荡和共鸣，实现整个价值生态系统的增值。

三 平台媒体 DNA 图谱之学习

学习是一种使个体得以持续变化的行为方式。对于任何一种生物而言，无论是主动学习还是被动学习，学习都始终伴随其生命发展的全过程，既是社会发展的必然要求也是生物进化的本能初衷。学习能力是组织从经验中学习并跨越边界和时间传递那些经验教训的整体能力。没有这种能力，组织将倾向于不断地从头开始寻找解决方案，而不是以过去的成功为基础[1]。计算机技术问世以来，关于计算机能否进行自我学习以及怎样使之具备和人类一样甚至超越人类的学习能力的努力就从未停止过。毫不夸张地说，学习，已经成为一种世间万物的普遍存在方式，平台媒体亦然。

基于此，平台媒体的"学习" DNA 可以从人和技术两个维度予以解析。一方面，平台媒体上人的学习，即平台媒体所有成员的学习行为。通过参与者的学习，能够获得知识和技能、改善方法和途径、提升认知和思维，从而为平台媒体的持续演化提供良好的人力资本价值准备。另一方面，作为平台媒体演化的基础设施的数字化技术也正在经历被称为"人工智能浪潮"的持续学习行为，主要表现为现阶段占据主导地位的机器学习和更高阶代表未来发展方向的深度学习。机器学习即指人工智能程序自身进行学习的机理[2]，一般被定义为一个系统自我改进的过程，它所关注的是计算机程序如何随着经验积累自动提高性能[3]。深度学习则极大地突破了机器学习对人为特征量设计的依赖。深度学习以数据为基础，由计算机自动生

---

[1] 罗恩·阿什肯纳斯、戴维·尤里奇、托德·吉克、史蒂夫·克尔：《无边界组织》，姜文波等译，机械工业出版社，2016，第156—157页。

[2] 松尾丰：《人工智能狂潮：机器人会超越人类吗？》，赵函宏等译，机械工业出版社，2016，第85页。

[3] 汤姆·M. 米歇尔：《机器学习》，曾华军等译，机械工业出版社，2003，第1页。

成特征量。它不需要由人来设计特征量，而是由计算机自动获取高层特征量[①]。无论是机器学习还是深度学习，都保留着神经网络连接的精髓：非线性、分布式、自适应和自组织，而这些恰恰也构成了平台媒体的演化模式。

在科学技术高速发展、社会环境瞬息万变的今天，学习的重要性空前凸显。对于平台媒体来说，学习 DNA 衍化出了允许试错、自主创生、持续迭代等运作机制，使之能够在未来的演化过程中，通过人工智能学习，完成参与者对智能化媒体乃至智慧化媒体的价值加载。

---

① 松尾丰：《人工智能狂潮：机器人会超越人类吗？》，赵函宏等译，机械工业出版社，2016，第 110 页。

第三章　平台媒体自组织演化原理

　　将具有高度一般性的普遍原理——达尔文主义与更具情境解释力的辅助理论——自组织理论相结合，作为理解复杂系统演化的理论观照，是切实可行的。将其移植或映射到媒介演化领域，亦即：首先，肯定媒介形态变迁是一个符合广义达尔文主义的演化过程；其次，媒介作为一个复杂（种群）系统/有机体的演化机制遵循着自组织演化规律。

　　平台媒体是一个复杂适应性自组织系统，演化是其不可违拗的基本规律。对应着演化理论的普遍原理和辅助理论，平台媒体演化是一个"长周期"和"短周期"并行不悖的历史进化过程（图3-1），亦具有非常丰富的演化层次——从历时性角度来看，平台媒体是媒介形态变迁历程中的一个应然性阶段，广义达尔文主义为其指明了演化方向；而就共时性视角而言，作为传媒领域中一类实然性现象的平台媒体，必然遵循着自组织演化逻辑。

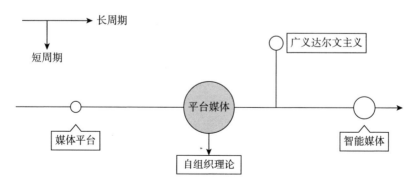

图3-1　平台媒体演化的"长周期"与"短周期"

　　自组织理论是一个理论簇，其间的每一个子理论各自解释了复杂自组织系统演化机制的一个剖面，因此，在认知"平台媒体"自组织演化进程时，需要以切面分析的研究路径逐一珩磨其存续条件、核心动力、发展过程、演化途径和复杂构造，以期从不同侧面或不同层级验证同一个演化过程。

尽管平台媒体的形貌尚未完全浮现，但就其存续条件、动力机制和演化途径等相面，均可以在自组织理论簇中找到适切的解释框架：平台媒体是一个呈现耗散结构的自组织系统，具有体系开放、远离平衡态且非线性相互作用的基本特征；平台媒体将技术作为序参量并受技术赋能役使规律的支配，竞争—协同是其自组织演化的动力学逻辑；平台媒体采取循环会聚链环的结构以自组织超循环方式谋求价值共创。

第一节　基于自组织理论框架的平台媒体演化研究

探索复杂性是 20 世纪后半叶以来科学研究的主导性方向之一。继系统论、控制论和信息论之后，耗散结构理论、协同学、超循环理论、突变论和分形理论及混沌理论等关于非平衡系统的自组织理论相继建立，并成为解释复杂性事物演化发展规律的重要成果——不仅具有自然科学研究意义，更加具备社会科学理论价值。也就是说，尽管原初的自组织理论发源于现代科学，但其所隐喻的哲学方法论决定了自组织理论作为一个泛域性理论适用于多个学科。

自组织理论是若干理论的共同体，分别从不同的侧面揭示了在远离平衡条件下，开放系统自发进入有组织状态的可能性与可行性。从本体论意义上而言，自组织可以被定义为，一个系统基于各组成部分的功能性互动从而确定其自身结构的能力[①]。而更为普遍认知的定义来自哈肯：如果系统在获得空间的、时间的或功能的结构过程

---

① Geoffrey M. Hodgson 等：《达尔文猜想：社会与经济演化的一般原理》，王焕祥等译，科学出版社，2013，第 49 页。

中，没有外界的特定干预，我们便说系统是自组织的。这里的"特定"一词是指，那种结构和功能并非外界强加给系统的，而且外界是以非特定的方式作用于系统的①。总的来说，自组织理论认为世界的发展是由物质自行组织起来演化发展的。一个系统发展的内部机制是不同子系统之间的竞争和协同。它的发展的外部条件是系统与环境之间的物质、能力、信息的交流。系统的发展是通过相变来实现的，发展的形式是超循环，发展的过程是从混沌到有序，再到混沌②。

基于自组织理论框架的平台媒体演化研究，是一个逐层深入的依序推进过程（图 3 - 2）。首先，借助耗散结构理论来研判平台媒体自组织系统之所以产生所需要的外部环境和必要条件。其次，以协同学理论为参考来判定驱动平台媒体复杂适应性系统自组织演化的序参量及其役使规律，并以此为基础进一步明确平台媒体自组织演化得以发生的竞争与协同的内在动力机制。再次，从超循环理论出发来考察平台媒体自组织系统内部诸要素之间相互转化的联系方式及其所呈现的既竞争又合作的超循环演化形式。此外，依据突变论来梳理平台媒体系统自组织演化的一类相变③历程：媒体平台—平台媒体—智能媒体，进而评判突变—分叉进化环节对于媒介形态自组织创新的价值。另外，混沌理论和分形理论也依据各自的理论资源对平台媒体自组织系统演化提供了指引——混沌理论所秉持的非平衡混沌理念对于认识平台媒体的复杂适应性演化大有裨益；分形理论有助于解释平台媒体诸如递归、嵌套和自相似等的系统结构特征。

当然，平台媒体尚属于新生萌芽状态，相关概念的提出不过短

---

① H. 哈肯：《信息与自组织》，郭治安译，四川教育出版社，2014，第18页。
② 沈小峰：《混沌初开：自组织理论的哲学探索》，北京师范大学出版社，2008，第344—345页。
③ 一类相变特征：①两相共存；②熵在相变点有突变；③存在宏观平衡、微观运动的亚稳态。

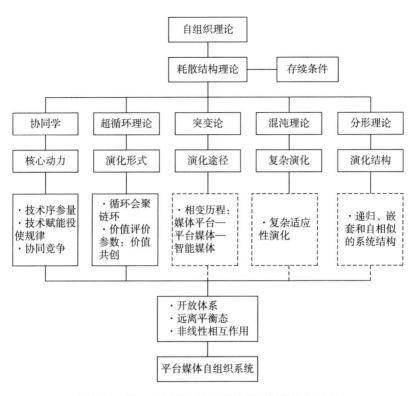

图 3 - 2　基于自组织理论框架的平台媒体演化研究

短两三年的时间且至今未能形成具有价值判断意义的界定，其行业实践也正处于摸着石头过河的探索期而没有一个成功的研究范本。所以，尽管将平台媒体视为一个复杂适应性社会系统的调性已经确立，对其本质属性及演化趋向的判断也基本可以落定在平台媒体自组织系统及其自组织演化规律之上，但尚未定型的发展现状所隐含的各种不确定性依然存在，具体表现为突变论、混沌理论和分形理论之于平台媒体自组织系统演化机制的理论解释力尚不是十分显著。无独有偶，分形理论和混沌理论本身也还是一门年轻的学科，相关理论的哲学方法论意义目前仍处于预设阶段，对其认知和应用有待进一步的发展。

因此，就现有的平台媒体演化状态和自组织理论资源准备而言，则主要从耗散结构理论、协同学理论以及超循环理论三个理论框架切入平台媒体自组织系统演化研究，以期探查其演化的外部条件、演化的内部动力以及演化的主要形式。

第二节　耗散结构理论与平台媒体存续的基本条件

一　普里高津的耗散结构理论及其分析方法

自组织理论群的形成，始于 1967 年，并以伊里亚·普里高津"耗散结构"概念及理论的提出为起始点。作为最先发展起来的自组织理论，耗散结构理论指出：一个远离平衡的开放系统，可以通过不断地与外界交换物质和能量、信息，在外界条件达到一定的阈值时，从原有的混沌无序的混乱状态，转变为一种时间上、空间上或功能上的有序状态[①]。

按照耗散结构理论的基本要义，自组织系统形成的环境与产生的条件包括：体系开放、远离平衡态、非线性相互作用、正反馈、涨落和非稳定性等，自组织现象是上述要件综合作用的结果。但需要注意的是，这些判断依据在引发系统自组织行为的作用当量上有所差异，若以其方法论意义的重要性排序，则首推体系开放、远离平衡态和非线性相互作用。

首先，开放是自组织系统最为鲜明的原始特征，也是自组织现象之所以发生的首要条件。开放，意味着与外界环境既有物质又有能量因而也有信息交换[②]。与此同时，开放亦是一个相对的概念，有必要以阈值的形式[③]明确划定系统开放程度的阈限，进而推导出其边界的两种作用：过滤与缓冲。

[①]　沈小峰、吴彤、曾国屏：《自组织的哲学——一种新的自然观和科学观》，中共中央党校出版社，1993，第 6—7 页。

[②]　沈小峰、吴彤、曾国屏：《自组织的哲学——一种新的自然观和科学观》，中共中央党校出版社，1993，第 24 页。

[③]　$K_C < K < 1$。

其次，远离平衡态，不仅是自组织现象发生的条件之一，而且也是自组织系统的组织结构得以维持的必要条件之一①。非平衡由自组织系统各部分之间的差异而触发，一个活态的自组织必然是一个开放的非平衡系统。

再次，自组织系统内部必然存在非线性相互作用，只有同时具备远离平衡态和非线性，系统才有走向自组织的可能②。非线性相互作用是相对于线性作用而言的，它强调系统组元叠加之后出现的关联与放大的作用效果，正是非线性律给系统演化提供了多重可能③。

二 平台媒体是一个呈现耗散结构的自组织系统

平台媒体之所以被定性为自组织媒介系统，是因为它具有体系开放、远离平衡态以及非线性相互作用等典型的耗散结构体系特质。就其形成的环境与产生的条件，可以对平台媒体的根本性质进行判定——平台媒体是一个呈现耗散结构的自组织系统，并以此作为后续研究的基本逻辑出发点。

(一) 开放的平台媒体

进化发生在开放系统内，这一开放系统涉及内源性和外源性的刺激变化。通常来说，进化通过内部的变化及与（可能变化的）环境的互动而发生④。因此，开放是自组织系统最为鲜明的原始特征，也是自组织现象之所以发生的首要条件。

互联网诞生伊始，开放就被当作新媒体最突出的标签。不论是传播技术的开放，还是传播体系的开放，抑或是传播理念的开放，

---

① 沈小峰、吴彤、曾国屏：《自组织的哲学——一种新的自然观和科学观》，中共中央党校出版社，1993，第 35 页。
② 沈小峰、吴彤、曾国屏：《自组织的哲学——一种新的自然观和科学观》，中共中央党校出版社，1993，第 42 页。
③ 沈小峰、吴彤、曾国屏：《自组织的哲学——一种新的自然观和科学观》，中共中央党校出版社，1993，第 41 页。
④ Geoffrey M. Hodgson 等：《达尔文猜想：社会与经济演化的一般原理》，王焕祥等译，科学出版社，2013，第 51 页。

总而言之，在开放特质的作用之下，伙伴化参与的力量空前高涨，随之而来的是传媒领域中控制逻辑的转移、协同结构的松散与权力分布的均质。毫不夸张地说，整个传播格局都是因应着开放而得以实现颠覆式重构。与新媒体的开放特质不谋而合的是，平台的构建也是以开放为前提的——对其参与者的开放与否，直接决定着平台双边/多边市场结构的建立以及网络溢出效应的发挥。以 IT 领域的平台战略为例，通信公司一般采用以"C—P—N—T"[①] 为轴心的运营模式，而使作为必需资源的内容（content）及作为消费对象的移动电话或终端（terminal）[②] 相互勾连的正是平台（platform）的开放性。有鉴于此，平台媒体更是将开放视为最基础的 DNA，进而形成了相应的开放式基因片段：开放的体系架构、开放的平台边界、开放的输入/输出通道、开放的组织文化。从这一意义上来说，开放使得平台媒体具备了成为一个自组织系统的可能性。

耗散结构理论所界定的开放，就是指系统与外界有物质、能量和信息的交换[③]。也就是说，作为一个开放系统，它们得到持续的能量供应，有的也不断得到新的物质的供应，经过转化，最终以变化过的形式输出[④]。与其他所有开放系统是靠连续的能量流和（或）物质流而保持它的特定状态[⑤]相类似，平台媒体自组织系统作为一个开放体系，从信息输入到内容输出、从参与者的开放到技术界面的开源……，平台媒体与其外部环境亦不断进行着资本、技术、人力、数据、产品/服务等的交流互换，并在持续的物质、能量和信息吞吐过程中完成了其自组织进化。

---

① C—P—N—T 是 "Content—Platform—Network—Terminal" 的缩略语。
② 赵镛浩：《平台战争：移动互联时代企业的终极 PK》，吴苏梦译，北京大学出版社，2012，第 14 页。
③ 沈小峰、吴彤、曾国屏：《论系统的自组织演化》，《北京师范大学学报》（社会科学版）1993 年第 3 期。
④ 赫尔曼·哈肯：《协同学——大自然构成的奥秘》，凌复华译，上海译文出版社，2013，第 207 页。
⑤ H. 哈肯：《信息与自组织》，郭治安译，四川教育出版社，2010，第 20 页。

值得注意的是，开放是必要的，但也是相对的。完全孤立的系统终将走向消亡，而完全开放的系统亦将不复存在，百分之百的封闭和百分之百的开放都不会产生自组织。基于此，系统边界及其过滤与缓冲的功能价值得以凸显。当个人、团体、社会乃至政治格局逐步对外开放时，边界假设开始受到冲击①。但缔造无边界组织不是清除边界，而是要让边界具有更大的可穿透性，从而使得贯穿组织的运转变得更加流畅②。对于自组织而言，其组织边界必须是灵活且可渗透的，并将随组织能力的变化而变化③。尽管耗散结构理论仅仅提出了阈值概念而并未彻底解决关于开放程度的问题，但维基百科等平台媒体先行者已经在实践中以自组织的方式对其进行了有益的探索。

（二）远离平衡态的平台媒体

普里高津认为"非平衡是有序之源"，突破性地将有序与非平衡相联系，提出：系统只有在远离平衡的条件下才有可能向着有秩序、有组织、多功能的方法进化④。基于此，要真正形成一个典型的自组织现象，开放体系只是其必要条件，远离平衡态才是产生并维持自组织结构的充分必要条件。

耗散结构是一种非平衡态结构，是一种"活"的有序化结构⑤。从开放系统到自组织系统的转化并不是必然的，其间必须要经过一个开放且远离平衡态的组织结构状态。如何实现远离平衡态？非平衡由自组织系统各部分之间的差异而触发，差异越大则越远离平衡态，而自组织的活性更是来源于此。

---

① Glenda H. Eoyang, "Human Systems Dynamics: Toward a Computational Model", *Numerical Analysis and Applied Mathematics*, Vol. 1479, 2012, pp. 634 – 637.

② 罗恩·阿什肯纳斯、戴维·尤里奇、托德·吉克、史蒂夫·克尔：《无边界组织》，姜文波等译，机械工业出版社，2016，第 003 页。

③ 罗仲伟：《从组织演变角度看平台发展》，阿里研究院：《平台经济》，机械工业出版社，2016，第 54 – 57 页。

④ 张彦、林德宏：《系统自组织概论》，南京大学出版社，1990，第 30—31 页。

⑤ 张彦、林德宏：《系统自组织概论》，南京大学出版社，1990，第 25 页。

　　与之相应的，对于平台媒体自组织系统演化而言，仅仅体系开放是远远不够的，还必须做到远离平衡态，这就需要保持甚至刻意制造差异。如同劳动分工导致了新的社会整合，平台媒体各组元之间的差异是其产生自组织发展动力的主要来源。这种差异既包括数量和规模上的差异——以 BAT 为首的互联网平台型媒介组织、第二梯队的跟进者以及各个垂直领域的创新者、大量处于产业链末端或价值网边缘的依附者①，也包括具有更多创新潜力的性质上的差异——传统媒体参与者与新媒体参与者、提供技术支持的互联网平台公司与拥有内容资源的主流媒体集团等。上述差异的存在，意味着平台媒体自组织系统的参与者们不仅在主观上有了交互的需求，更为重要的是在实际运行中产生了不容回避的落差，落差则代表着可以不断转化为新动能的系统势能。据此可知，正是因为有了平台媒体各组元之间的差异才有了信息流、数据流、资金流、技术流和价值流流动的可能性和必要性，并为平台媒体自组织系统演化带来了活跃度和创造力。

　　以前认为一个特定社会的结构是静止的，处于平衡状态的，而现在的看法已完全改变。结构永远在形成、消失、竞争、协作或组成更大的结构②。平台媒体自组织系统中所有参与者的竞争和协作都有助于产生足以转化为新动能的系统势能。与此同时，平台媒体模块化组织结构在业务层面的自主结合与自由拆分更是为随时创造出新的差异做好了准备。除此之外，在惯常使用的双因素激励策略之余，平台媒体自组织系统的试错机制也是打破系统固态僵化桎梏并形成非平衡化差异的有效方式。

　　（三）非线性相互作用的平台媒体

　　自组织系统必然是一个非线性体系。只有非线性体系才可能演

---

① 吕尚彬、权玺：《构建中国广告产业发展"雁行模式"初探》，《江淮论坛》2016年第 5 期。

② 赫尔曼·哈肯：《协同学——大自然构成的奥秘》，凌复华译，上海译文出版社，2013，第 11 页。

化成为有序的耗散结构系统①，这是因为非线性相互作用强调系统组元叠加之后出现的关联与放大的非线性增益作用效果。在非线性相互作用之下，自组织内部动力系统呈现非稳定性形态，随即产生了向着新的有序状态跃迁的结构解。从这一意义上来说，正是非线性律给系统演化提供了多重可能。

平台媒体自组织系统的生成及发展也是其组元之间非线性相互作用的必然结果。非线性具有相互作用、耗散性以及多值性等诸多的数理机制，但其动力学方程最突出的特征在于非稳定性。非稳定性从何而来？如果体系存在着广义的"流"和"力"，那么体系必定存在着一定程度的非稳定性②。

如前所述，平台媒体自组织系统中存在诸多能够自由流转的系统势能——信息流、数据流、资金流、技术流、物质流、能量流、价值流。与此同时，平台媒体技术颠覆性创新亦带来了强劲的创造力——物质基础创造力和文化观念创造力。在上述"流"和"力"的加成作用之下形成了一种内部条件的非稳定性形态，平台媒体自组织系统的非线性相互作用由此而酝酿产生。

更进一步而言，非线性相互作用在为平台媒体自组织系统带来复杂性和不确定性的同时，也暗含着选择的契机、竞合的动因和创新的可能，从而催动了平台媒体生态系统的形塑与进化。

三　自组织 CDE 模型及其对平台媒体演化的启示

学者 Glenda H. Eoyang 构建了一个具有普适价值的自组织 CDE 模型③（图 3-3），提出系统自组织复杂动力学运行过程应具备三个元变量（meta-variables）条件，即"Container-Difference-Exchange"，分别指涉容器、差异和交换。

---

① 吴彤：《自组织方法论研究》，清华大学出版社，2001，第 151 页。
② 吴彤：《自组织方法论研究》，清华大学出版社，2001，第 37—40 页。
③ Glenda H. Eoyang, "Human Systems Dynamics: Toward a Computational Model", *Numerical Analysis and Applied Mathematics*, Vol. 1479, 2012, 634-637.

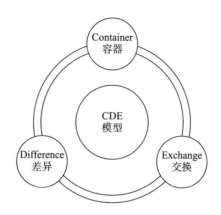

图 3 - 3　系统自组织 CDE 模型

首先，"容器"元变量既可以是物质的，也可以是观念的，还可以是社会性的，也就是说，不论是具象的容器还是抽象的容器，都可以作为自组织生发的前提条件或参数集合。对于平台媒体自组织系统而言，生成自组织系统的容器"C"即为平台。

其次，"差异"元变量意味着给定的自组织容器中存在梯次差别，决定着复杂自适应系统的活性之所在。这种差异在系统自组织过程中具有两种功能：其一，清晰地展现了自组织系统的形成过程，其二，逐渐形成了诱发自组织演变的潜在势能。

再次，"交换"元变量连接着整个系统，鼓励流动以实现"差异"所蕴含的势能。平台媒体自组织系统"交换"元变量以"流"的形式在系统自组织过程中建立并维系关系，包括在参与者之间或参与过程之中的信息、能量、价值、动机、材料等的交换。

此外，三个元变量并不是孤立静止的存在，容器、差异和交换三者互为前提且相互决定，任何一个因素的改变必将自发导致其他两个条件的变化。一个真正意义上的自组织系统必须是此三个变量协调一致的结果。

对照耗散结构理论，不难发现，CDE 实乃自组织耗散结构之开放系统、远离平衡态和非线性相互作用方法论的具体应用。如若将 CDE 模型代入平台媒体自组织演化过程，亦能很好地诠释其基本提

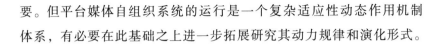

要。但平台媒体自组织系统的运行是一个复杂适应性动态作用机制体系，有必要在此基础之上进一步拓展研究其动力规律和演化形式。

第三节　协同学与平台媒体发展的核心动力

一　哈肯的协同学及其基本原理

"自组织"一词既具有名词词性——一个复杂的宏观有序结构，也具有动词词性——该结构是自发形成的。耗散结构理论开宗明义地阐述了自组织系统之所以定性所应具备的基本结构特征，但这一结构是怎样自行组织起来的？其内在的动力机制为何？对于这一系列问题的解答则需要借助于协同学的理论框架。

如同许多科学术语一样，"协同学"源于希腊文，意为"协调合作之学"[1]。按照其创始人赫尔曼·哈肯的说法，协同学是一门研究结构的横断学科[2]，一门研究远离平衡的系统怎样通过自己组织产生时间、空间或功能结构的科学[3]，一门在普遍规律支配下的有序的、自组织的集体行为的科学[4]。简而言之，协同学力图以普适性基本规律的方式解释不同领域中结构的形成、发展及其组件协作的必然性。

协同学自组织理论认为，复杂系统的结构是按照某种内在的自动机制而自行组织起来的。不止于物质世界的结构，诸如经济发展和文化进步等精神世界的结构也验证了结构的形成是"以一种富有意义的方式协同行动"这一普遍适用的规律。

---

① 赫尔曼·哈肯：《协同学——大自然构成的奥秘》，凌复华译，上海译文出版社，2013，第5页。
② 横断是指，这里所研究的结构并不限于传统的某一门学科，自然界或人类社会中的各种结构原则上都是其研究的对象。
③ H. 哈肯：《信息与组织》，郭治安译，四川教育出版社，2010，第3页。
④ 赫尔曼·哈肯：《协同学——大自然构成的奥秘》，凌复华译，上海译文出版社，2013，第9页。

与耗散结构理论一样，协同学理论也涉及许多彼此勾连的基础概念，但贯穿始终的基本原理有二：第一，自组织系统的形成及演化总是因应着序参量①及其役使规律，这一动力机制是系统自组织赖以进行的自然规律；第二，有机体的发展总是遵循协同与竞争并存的基本原理，自组织结构的发展及其序参量的交互尤其如此。

二　平台媒体的技术序参量及其技术赋能役使规律

（一）技术：平台媒体自组织系统的序参量

1. 序参量及其特性

系统参量是用来表示系统特征或行为之性质的变量。其中，控制参量是对某一系统的结构或行为产生影响的外部变量的统称，政府及其行政力量即为一种典型的控制参量。状态参量则是对系统内部相关变量的描述，一般而言，资本、技术、人力等都被视为影响系统特征及其行为之性质的状态参量。控制参量和状态参量相互作用，共同制约着系统的运动发展。序参量，是一类特殊的状态参量，子系统的协同作用导致了序参量的产生，而所产生的序参量反过来支配着子系统的行为②。

序参量是协同学理论的核心概念，哈肯称之为"使一切事物有条不紊地组织起来的无形之手"③。作为主导系统运动过程及其演化趋向的支配性力量，序参量的形成及相关作用呈现三个方面的特性。

首先，协同学表明，序参数具有两面性或双重作用。一方面它支配子系统，另一方面，它又由子系统来维持④。也就是说，序参数

---

① "序参量"，又被译为"序参数"，本书统一称之为"序参量"。
② H. 哈肯：《信息与自组织》，郭治安译，四川教育出版社，2010，第 6 页。
③ 赫尔曼·哈肯：《协同学——大自然构成的奥秘》，凌复华译，上海译文出版社，2013，第 7 页。
④ 赫尔曼·哈肯：《协同学——大自然构成的奥秘》，凌复华译，上海译文出版社，2013，第 145 页。

与被支配的子系统是互为条件的[①]——序参数由单个部分的协作而产生，反过来，序参数又支配各部分的行为。用协同学的语言来讲，序参数支配各个部分[②]。要判定一个自组织系统的演化动力机制，首先必须确定其核心序参量，如此才有可能发现与之相关的序参量役使规律，亦即序参量通过"伺服原理"支配微观成分的行为。以这种方式，序参量出现，并以其支配能力使系统获得它自己的结构[③]。

其次，一个宏观客体的变量数目往往是很大的甚或是无穷的，但惊奇的是，在结构出现的临界点附近，起关键作用的只有少数几个[④]。结构的产生或新结构的出现往往由少数几个序参量所支配。有时是几个序参数起着协同的作用，在另一些情况下，不同的序参数则相互竞争[⑤]。哈肯由此认为各序参量之间存在交互关系。因此，在判定系统的序参量时，有必要捋清各个序参量及其作用比重并进而绘制出该自组织系统的序参量梯级序列，从而预测由其主导地位的改变所可能导致的系统演化发展。

再次，序参量是一个动态参量，不存在统一的标准，任意一次涨落都可能演变为一个序参量。通过自组织可以形成越来越复杂的运动模式，用协同学的话来讲，新的序参数接踵而来[⑥]。与此同时，不同系统的序参量亦有所差异，在哈肯看来，影响经济体演化的序参量包括技术革新和资本投入，诱发社会革命的序参量是舆论，而致使科学革命的序参量则变成了新的观点、新的基本原则或规范[⑦]。

[①] 赫尔曼·哈肯：《协同学——大自然构成的奥秘》，凌复华译，上海译文出版社，2013，第163页。

[②] 赫尔曼·哈肯：《协同学——大自然构成的奥秘》，凌复华译，上海译文出版社，2013，第8页。

[③] H.哈肯：《信息与自组织》，郭治安译，四川教育出版社，2010，第22页。

[④] H.哈肯：《信息与自组织》，郭治安译，四川教育出版社，2010，第6页。

[⑤] 赫尔曼·哈肯：《协同学——大自然构成的奥秘》，凌复华译，上海译文出版社，2013，第103页。

[⑥] 赫尔曼·哈肯：《协同学——大自然构成的奥秘》，凌复华译，上海译文出版社，2013，第39页。

[⑦] 赫尔曼·哈肯：《协同学——大自然构成的奥秘》，凌复华译，上海译文出版社，2013，第109—154、191—205页。

毫无意外，传播体系语境中的序参量历经了把关人、社会、人类文化、意见领袖和价值之变而至今未能达成共识。对于媒介系统演化而言，序参量亦是一个相对的概念，技术、资本、知识、社会结构、传媒规制等一系列状态参量都有可能在系统涨落及其关联放大的作用下发展为占据支配地位的序参量。

2. 平台媒体的技术序参量

自组织理论中的序参量是极其活跃的"革命性"因素，系统内的变化总是首先从它开始，它的变化又总是支配着大量子系统以至引起整个系统的变化[①]。纵观媒介发展史，媒介演化就是技术发展所推动的自组织化程度不断提高、自组织结构持续迭代的过程。从印刷媒介到电子媒介再到网络媒介以至于未来的智能媒介，技术的进化带来了传播者、传播受众、传播内容、传播渠道和传播效果等全方位的变化并据此驱动着整个媒介系统的不断演化。毋庸讳言，技术序参量的作用贯穿媒介系统演化的始终，平台媒体也不例外。

> 随着互联网技术的不断发展，将会不断有新互联网应用出现，基于这些应用，会出现新的平台型媒体。在目前以移动互联为主场的新媒体语境中，完整的平台型媒体应该包括五大核心要素："成熟的技术应用"是基础；"海量的用户导入"是结果；"开放的内容供给"是手段，"专业的采编准则"是保障，"自由的算法裁量"是方向与未来。

——杰罗姆

（访谈时间：2017 年 3 月 14 日）

一个就是看技术的发展。因为我们今天的媒介发展都是技术主导型的、技术驱动型的，所以我觉得还是主要看技术的变化，这是第一个方面。第二个呢？我觉得是商业模式，因为今

---

① 吴彤、沈小峰、郭治安：《科学技术：生产力系统的"序参量"——一种自组织演化的科学观》，《自然辩证法研究》1993 年第 6 期。

天很大程度上也是资本驱动着技术前进的，资本背后的运作逻辑是什么样子的，我觉得还是蛮影响到未来媒介发展的，这是一个很重要的方面。第三个方面，影响未来媒体发展的偶然性就在于用户的选择。产品最后能不能扩散出来，最后选择的权力是在用户那里的，这里面就会有一定的偶然性。

——刺猬公社 CEO　叶铁桥

（访谈时间：2016 年 12 月 8 日）

时期不一样，影响因素不一样。对媒体影响第一位的目前看来是技术革新。因为技术处在变动中，在技术革命的浪潮中，媒体的变化非常的快。采用了什么样的技术、采用了什么样的机制，这个是决定性的。我理解今日头条实际上就是采用了一些新的技术和新的思路。第二位的我认为是人才，新闻人才和技术人才。第三位是内容，就是内容的精彩性。将来，技术达到一个相对稳定的时期之后，我觉得内容的影响力就会变成第一。

——人民日报社四川分社社长 林治波

（访谈时间：2017 年 2 月 19 日）

影响未来媒体发展的要素，在不同时间段，排序是不一样的。内容、平台、技术、市场、政策等都会产生影响。当技术没有大的突破转而进入瓶颈期时，内容就会排到第一位。而当内容过载之后，它的重要性就会往后排，整个排序就会发生变化。

——腾讯房产总经理、腾讯大楚网总裁 余凯

（访谈时间：2017 年 3 月 18 日）

从现在来看，特别是移动通信智能终端出现以后，尤其是4G 网络下一步 5G 网络出来以后，技术发展使得人人都成为媒体，就是自媒体。媒体传播的范围、速度、效果等等，都是和技术有关系的。在传统的通信网络下是不可能的，而在 3G 和 4G 逐步变成现实，到 5G 还会发生更大的变化。媒体的变化是技术

驱动的，这个是肯定的。从十年以前的三网融合到现在的多屏融合，技术的力量和市场的力量打破了垄断和管制的力量，是势不可挡的，这就是生产力进步的力量打破了生产关系的束缚。

——中国移动甘肃有限公司总经理 卢志宏

（访谈时间：2016 年 7 月 21 日）①

在平台媒体的演化发展过程中，存在各式各样的状态参量——制度、资本、市场、人才、用户、社会知识总量、价值实现方式和战略发展目标等等，不一而足，但是绝大多数状态参量都是仅仅对一个或一类子系统起作用且其效用的半衰期并不长，属于快弛豫变量。然而真正引导并支配系统演化过程及最终新结构形成的是慢弛豫变量，并将最终成长为平台媒体自组织系统的序参量。它决定着大量子系统的集体运动模式，对平台媒体系统的整体演化过程及其结果起作用。对于平台媒体自组织系统来说，其核心序参量就是（数字化）技术。

$$生产力 = 劳动者 + 生产工具 + 科学技术 + 科学管理 + 劳动对象 \quad (3.1)$$
$$生产力 = 科学技术 \times (劳动者 + 劳动资料 + 劳动对象) \quad (3.2)$$
$$生产力 = (劳动者 + 劳动资料 + 劳动对象) \times 高科技^2 \quad (3.3)$$
$$生产力 = (劳动者 + 劳动资料 + 劳动对象)^{科学技术} \quad (3.4)$$

对于"科学技术在社会生产力系统中的作用"这一命题的解答，随着技术进步贡献率的不断攀升而经历了从加乘作用（式 3.1）、（式 3.2）到指数作用（式 3.3）的提升。数字化技术时代的到来，让技术的指数型作用（式 3.4）更加凸显，技术成为决定效能的关键性因素。

作为社会生产力系统的分支，"技术在媒介系统中的作用"研究也基本遵循着上述规律。有鉴于数字化技术对于媒介演化的支配性影响作用，这一重要结论对于剖析平台媒体演化框架同样十分具有

---

① 由笔者及研究团队根据访谈录音资料整理所得。

说服力。将平台媒体相关要素代入式（3.4），可以推导出平台媒体演化技术序参量公式（图3-4）。

$$平台媒体演化 = \left(\begin{matrix}平台媒体\\参与者\end{matrix} + \begin{matrix}数字化信息产制及传播工具\\和云网端等基础设施\end{matrix} + \begin{matrix}大数据、信息流、\\创意产品/服务\end{matrix}\right)^{技术}$$

图3-4　平台媒体演化技术序参量公式

将技术视为平台媒体系统自组织演化的"序参量"，即把数字化技术看作在平台媒体系统的自组织过程中由各种独立要素的协同作用所产生的且反过来支配它运动的动力因子。

首先，技术作为平台媒体自组织系统的序参量，深刻影响着平台媒体参与者。新的生产技术大量出现，造就一批新生产者[1]。技术的永恒进化裹挟着不断涌现的新兴参与者——其中既有因技术迭代而生成的诸如数据服务商之类的平台媒体新生代，也有随技术扩散而介入的以电信运营商为代表的平台媒体合作伙伴——技术使平台媒体参与者更加多元，以至于在核心参与者之外，还形成了一个由各类新生产者构成的参与者长尾。更有甚者，技术打破了平台媒体参与者之间的边界。在平台媒体上，没有了生产者和消费者、传播者和传播受众、制造者和用户的严格区分，成员之间可以任意切换角色身份。所有平台媒体成员不再是以价值链的方式串联，而是以价值共创的形式协同并联，开放而平等的关系让他们成为平台媒体的共建者和参与者。与此同时，技术激活了平台媒体参与者的创造力。平台媒体带来了全新的价值实现方式，与之相应的生产关系、组织结构、商业模式、分配体系、管理理念等各个子系统都发生了大规模创新，一批极具升值潜力的传媒领域独角兽公司抓住了市场机遇，带动了全体参与者的积极性和创造力。除此之外，技术提高了平台媒体参与者的媒介智能。对于平台媒体参与者来说，他们既是参与者又是合作伙伴，既是多任务执行者更是"产—消—创"者。

---

[1]　杰弗瑞·帕克、马歇尔·范艾尔史泰恩、桑吉·乔德利：《平台经济模式：从启动、获利到成长的全方位攻略》，李芳龄译，天下杂志股份有限公司，2016，第100页。

随着平台媒体参与者对于技术的熟练程度和使用范围的不断扩展，所有成员完成了从"他者"到"我/我们"的身份认同，并驱使以共享为主旨的民主化创新机制的产生。

其次，平台媒体数字化信息产制及传播工具和云网端等基础设施是技术进步的直接产物。劳动资料（特别是生产工具）中科学技术含量的多少是衡量社会生产力发展水平的重要指标之一，与之相类似，平台媒体效用的发挥也在某种程度上决定于其数字化信息产制及传播工具，更有甚者，平台媒体未来的智能化发展正是基于数字化技术对人工智能的媒介化应用。因此，技术作为平台媒体自组织系统演化的序参量决定着媒介生产工具和传播手段的物质形态。此外，技术还引导着平台媒体新兴基础设施的搭建。"互联网＋"的提出是将以互联网为主的一整套信息技术视为一种人类经济社会发展的通用目的技术，"互联网＋"所仰仗的基础设施则是叠加在传统基础设施之上的云网端。云计算、大数据、互联网、物联网、移动终端、可穿戴设备等一系列平台媒体自组织系统基础设施都建立在数字化技术基础之上，是技术进步的直接产物。

再次，技术极大地拓展了平台媒体自组织系统大数据、信息流、创意产品/服务等作用对象的广度和深度。毫不夸张地说，在"技术—文化范式"和"技术—经济范式"的共同作用之下，技术具有极其敏锐的感知力和异常精准的洞察力。随着技术的发展，越来越多的物质能量和数据能源被纳入平台媒体作用对象的范畴，其多元化属性得到了深度开发，新的模式和规律得以不断创生。尤其是不同于一般意义上的生产资料的不可再生性，随着信息和数据等的无限次使用，其负载的内容越来越丰富，释放的能量也越来越有价值。

需要注意的是，技术的进化及随之产生的丰富的数据资源还为平台媒体自组织演化过程中劳动资料和劳动对象的转换创造了可能。数据能源作为平台媒体的动力之源，数据挖掘、数据沉淀和数据分析等新技术手段的使用创造了海量的大数据和信息流，与此同时，经过技术处理、追踪和校准的大数据作业轨迹和信息流分布规律又成为平台媒体系统自组织运行过程中的虚拟工具和基础设施。

（二）平台媒体技术赋能役使规律[①]

序参量支配作用的实现是经由其役使规律而完成的。在役使规律的指引下，序参量方能发挥主宰系统运动形式及结构发展趋势的决定性力量，从而支配着自组织系统的自组织演化过程。因此，役使规律在整个协同学理论框架中起着举足轻重的核心作用。

物理学中的役使规律往往以方程组的形式予以表现，即所谓序参量演化方程[②]，其重要性在于：它能够深刻反映出子系统之间的协同作用是如何产生序参量，而序参量又是如何支配子系统的运动，从而在整体上呈现有序运动状态或结构的[③]。对于社会科学领域而言，其复杂性和不确定性的陡然增加使之很难从中抽象出一个简化的数理公式，但不可否认的是，序参量役使规律所表现出的"支配"因果关系同样适切于物质世界之外的精神世界。

在平台媒体的演化过程中，技术序参量的支配效用亦因"技术（数字化）赋能"这一役使规律而具有了必然性。"技术（数字化）赋能"（enable）由"技术赋权"（empower）进化而来。在传播学领域中，对"技术赋权"的讨论并不鲜见。围绕着"知沟理论""媒介帝国主义"以及"网络暴民"等话题的争议，其实质就是对媒介技术赋权及其效用的理性思考。一直以来，媒介技术赋权往往受限于资本支配而被贴上了意识形态的标签，即使是对使用者个体的技术赋权，也常常带有权力管制的色彩。

然而，正如美国著名的技术史家马尔文·克兰兹伯格所指出的那样，"技术既无好坏，亦非中立"，从本质上来说，技术并不决定任何结果，而是在过程中赋能。因此，备受诟病的技术决定论，随

---

① "役使规律"，又被译为"支配原理"或"伺服原理"，本书统一称之为"役使规律"。
② 张彦、林德宏：《系统自组织概论》，南京大学出版社，1990，第38页。
③ 张彦、林德宏：《系统自组织概论》，南京大学出版社，1990，第38—39页。

着复杂系统的演化，将以技术（数字化）赋能理论的形式全新呈现其作为社会建构元动力的意义和价值。

有鉴于此，以技术作为序参量的技术（数字化）赋能（Digital Enablement，DE）逻辑应运而生。赋能原意指信息系统或者信息技术工具赋予了一些能力或现象的产生，使这些使用的人群或者组织获得了过去所不具备的能力或不能够实现的目标[①]。技术（数字化）"赋能"逻辑，顾名思义可以从三个层面予以解读：其一，"赋能"就是供给能量，强调在工具层面的必要性；其二，"赋能"就是赋予能力，亦即在应用层面的可行性；其三，更为重要的是，"赋能"就是创造可能，意指在价值层面的可能性。

对于平台媒体自组织演化而言，技术（数字化）赋能首先为其提供了演化所必需的能量供给。如前所述，作为一个开放的耗散结构，平台媒体的存续得益于能量输入。与水利、电力及交通一样，互联网和移动互联网等新媒体技术搭建了"云－网－端"这一新基础设施，为平台媒体持续供给数据等新型资源，而将数据能源作为新生产要素与原有的媒介内容及服务进行匹配、叠加和重组，从而发挥更大的作用。与此同时，技术（数字化）赋能释放了平台媒体参与者的活力。长期以来，媒介技术都被视为一种传播工具，技术发展只是在时空维度拓宽或延展了受众的信息接收渠道而并未改变其线性传播路径。数字化技术以开源的方式搭建了一个鼓励共享与协作的信息传播开放式架构，基于此，参与者被真正激活且赋予了多任务执行能力，从消费者变为"产消者"并终将成为"产消创者"。更进一步，技术（数字化）赋能激发了平台媒体的创造力。新媒体技术打破了旧有的传媒产业边界进而颠覆了传统的媒体组织，新的分工体系和商业模式得以确立。在这一过程中，新产品、新秩序、新规则、新成员、新理念等层出不穷，为平台媒体自组织演化带来了更多可能性。

---

① 潘善琳、崔丽丽：《SPS 案例研究方法：流程、建模与范例》，北京大学出版社，2016，第 104—105 页。

值得注意的是，如同序参量与役使规律之间存在互为因果的关系，技术和技术（数字化）赋能在平台媒体演化过程中，也呈现显著的逻辑关联，并在平台媒体演化技术序参量公式（图 3 - 4）中以技术的指数型作用之形式予以表现。

对于平台媒体技术赋能役使规律的认知，尽管尚未提升至自组织协同学基本原理的理论高度，但富有远见的平台媒体先行者们已经将技术（数字化）赋能作为愿景而努力践行。阿里巴巴集团曾鸣不止一次地强调"未来组织最重要的功能是赋能，而不再是管理或激励"，阿里妈妈更是将"数据赋能，营销智变"作为其 2016 年战略规划而予以强调。未来，技术赋能役使规律将源源不断地供给能量、赋予能力和创造可能性，并成为主导平台媒体向智能媒体趋近的永动机制。

三　竞争与协同

（一）竞争与协同的意义

序参量及其役使规律的重要性已不言而喻，但序参量从何而来？序参量役使规律又是通过何种方式支配着系统的运动方式及发展方向？序参量及其役使规律的动力学出处何在？有机体的发展总是遵循协同与竞争并存的基本原理，自组织结构的发展及其序参量的交互尤其如此。

协同学，顾名思义是以"协同"为其核心论点。所谓协同，按照哈肯的观点，即指系统中许多子系统（它们通常属于相同种类或者几个不同种类）的联合作用[1]。无论是在自然科学领域还是在社会科学领域，对于协同之重要价值的强调并不鲜见，尽管不是每一次都作以"协同"的精准表述，但合作、协调、协作、联结、和洽等近义词聚类还是明确地表达了其基本要义。合作是有效管理经济

---

[1]　沈小峰、吴彤、曾国屏：《自组织的哲学——一种新的自然观和科学观》，中共中央党校出版社，1993，第 46 页。

与社会的第三种模式①。人类拥有的合作能力造就了基于互助生产与互利交易的现代社会，而这种合作能力能够把不同的天才、思想、资源整合成为一个巨大的整体②。在自组织理论范畴中，协同更是其基本的动力机制之一：协同促成了自组织系统内部的非线性相互作用，也维系着整个自组织系统的整体性与同一性。

然而，协同并不是一个孤立的存在。协同概念的成立又是以竞争概念的存在为前提的，广义的协同甚至还包含竞争的意蕴。竞争是一种广泛存在的系统质量参数，"物竞天择"更是将竞争作为物种进化的基本公理。作为系统演化最活跃的动力因子，系统内诸要素或系统之间的竞争是永存的③，对于自组织系统演化而言，竞争更是其非平衡态有序结构的存在基础和必然结果。

如此一来，竞争和协同一并成为协同学理论框架中一对永恒的主题，它们之间既矛盾又融洽的对应相关，不仅与自组织耗散结构之体系开放、远离平衡态以及非线性相互作用等特征互为因果关系，更是协同学之序参量及其役使规律的动力学源头。无论是一个序参量还是几个序参量，都是竞争与协同并存的结果。在有些集体运动中，竞争并不是唯一的反应。等价的力量间可能出现协作而产生新的模式④。这里有协同学中典型的偶然性与必然性之间的相互作用⑤。

（二）平台媒体自组织系统的竞争与协同

一直以来，竞争都被视为"创新—经济发展"范式的催化剂。

---

① 尤查·本科勒：《企鹅与怪兽：互联时代的合作、共享与创新模式》，简学译，浙江人民出版社，2013，第21页。

② 维克多·黄、格雷格·霍洛维茨：《硅谷生态圈：创新的雨林法则》，诸葛越等译，机械工业出版社，2015，第6—7页。

③ 沈小峰、吴彤、曾国屏：《自组织的哲学——一种新的自然观和科学观》，中共中央党校出版社，1993，第44—45页。

④ 赫尔曼·哈肯：《协同学——大自然构成的奥秘》，凌复华译，上海译文出版社，2013，第38页。

⑤ 赫尔曼·哈肯：《协同学——大自然构成的奥秘》，凌复华译，上海译文出版社，2013，第49页。

约瑟夫·熊彼特在其代表作《经济发展理论》中提出了经典的"创新理论"，并指出经济发展的实质就是创新的不断积累。然而，新产品、新技术、新市场、新能源和新组织这些"新组合"得以产生并发挥效力的根本性原因则在于竞争性经济状态。与此同时，竞争也常常被认为是提高组织绩效的一种战略决策。迈克尔·波特指出，竞争战略的实施是决定产业结构、创造经济价值并促进社会进步的重要力量之一。更有甚者，竞争作为物种进化的一种主要方式而被广泛接受，物竞天择不仅推动了生物进化，其影响力更是波及人类社会的方方面面。因此，大多数经济学家、管理学家乃至社会学家都非常认可并极力强调竞争对于经济体及整个社会的重要价值。

然而，随着互联网时代以及移动互联网时代的相继到来，市场环境愈加复杂，以及用户需求日趋多样均使得各种未知的不确定性陡然增加。尤其是在新技术打破了原有的组织边界、大数据激发了新的再生型产能、价值网和商业生态理念大行其道的趋势之下，原有的竞争战略已不足以继续维系竞争优势和发展动力，甚至还会带来创业停滞乃至产业衰退等不良反应。基于这种情况，协同理念和发展战略应运而生——竞争性创新转变为协同性创新、竞争战略让位于协同战略、竞争进化与协同进化并存。如果说在以往的研究及实践中，主要将竞争作为创新的推动力、组织的市场战略和演化途径的话，在技术序参量所发挥的技术赋能这一役使规律的作用下，越来越多的研究者和管理者开始将目光投向协同所带来的别样的创新和进化，组织结构、运行机制和商业模式都开始向这一趋势倾斜，一批具有战略眼光的企业试水协同战略，并获得了指数型的报偿。未来，协同将会作为一种主流价值观而辐射全社会。

当然，协同并不否定或者排斥竞争，"竞合"一词原本就是将竞争与合作二者协调地统辖在了一起。从本质上来说，协同与竞争均为系统演化的基本动力因子，都有助于形成自组织系统的远离平衡态结构，但当完全竞争没有协同或完全协同而无竞争发挥到极致时将导致阻碍系统演进的固化平衡态，因此，它们看似相互矛盾却又彼此依存，对于自组织系统演化而言，竞争与协同缺一不可。协同学系统的宏观性质常常通过序参数之间的协同或竞争反映出来①。

如前所述，平台媒体自组织系统复杂适应性有序结构之所以形成的内部动力机制为技术序参量及技术赋能役使规律，在此基础之上进一步深究其动力学逻辑出发点，则可以推导出平台媒体序参量及其役使规律的析出和运行，均出自并反作用于协同学所始终强调的竞争与协同的对立统一。从这一角度来看，竞争与协同并存是平台媒体自组织系统得以演化发展的立论之所在。

一直以来，传媒市场中核心资产的稀缺性及核心经营活动的零和博弈激发了不同形态的媒介之间以及不同规模的媒体当中的竞争关系，媒介形态的变迁与叠加以及媒体集团的合并或拆分在某种程度上都是出于对竞争收益的追逐。对于竞争的渴望必然要求与之相匹配的、更具适应性的传播技术，然而，正是传播技术尤其是数字化传播技术的进化打破了竞争关系而滋生了协同效应。克莱顿·M. 克里斯坦森在他的著作《创新者的窘境》及《哈佛商业评论》的系列文章中提出，破坏性技术能很快改变一个处于集聚阶段的产业的动态平衡和经济基础，并常常会彻底改变竞争格局②。如前所述，新技术在产业化过程中形成了一系列特殊的技术经济学逻辑，在经济新常态环境下，借由技术转移体系中研发、改造、吸收、应用和扩散等子系统的协同发展，能够打破原有的商业竞争态势，从而以"破坏性"的姿态酝酿新兴的平台媒体产业格局。

技术的发展带来了越来越细致的社会分工体系，也要求更加复杂的大规模社会化协同。日趋激烈的竞争和广泛深入的协作这一对看似矛盾的模式被有机地统辖在了平台媒体自组织系统之中。

---

① 赫尔曼·哈肯：《协同学——大自然构成的奥秘》，凌复华译，上海译文出版社，2013，第 103 页。
② 转引自丁焕明、弗里茨·克勒格尔、斯蒂芬·蔡塞尔《科尔尼并购策略》，张凯译，机械工业出版社，2004，第 77 页。

首先，平台自身的存在及其延续，正是基于"竞争—协同"的有序状态而言的。一方面，平台作为"市场的具化"经济形态的出现，正是对日趋激烈的市场竞争的回应；另一方面，平台参与者又是相互依存、彼此协同的，其双边市场结构的形成以及网络外部性效应的发挥即为经济学及社会学中"共谋"的力量。将这一作用原理推演至平台媒体，其多元利益相关者在非平衡态下的竞合也不例外。

其次，平台媒体自组织系统的复杂适应性特质来源于其竞争与协同并存的协同学基本原理。平台媒体模块化结构的产生及试错机制的浮现即为竞争与协同共同作用的结果。模块化及试错毫无疑问均出于竞争的需要，而模块化系统规则的确立以及积极试错与敏捷改进①之间的弹性对应却又都缘于自组织"竞争—协同"效应。

再次，竞争复又协同的关联使得平台媒体参与者内部及参与者之间的耦合更为协调，并能够进一步朝着生态进化的方向展开平台媒体自组织演化。最终，平台媒体生态系统的形成以及共同治理策略的实施和平台商业模式的构建都将从中觅到自组织"竞争—协同"机制的动力学逻辑支撑。

第四节　超循环理论与平台媒体演化的主要形式

一　艾根的超循环理论及其方法论意义

1970年，生物物理化学家弗曼雷德·艾根提出了超循环理论。艾根在对超循环的研究中指出，在此不仅"生存竞争""空间隔离"是重要的，而且"协同作用""整合作用"同样是重要的。超循环组织，作为一个远离平衡的开放系统，既竞争又协同，既隔离又整合，从而

---

①　"敏捷改进"，又被称为"敏捷迭代"（Agile Iteration）。

选择和进化①。

作为发源于生物化学领域的自组织原理，超循环理论的提出在分子水平上把竞争和协同结合起来。它使一组功能上耦合的自复制体整合起来并一起进化②，从而在丰富了自组织理论簇的同时，进一步增强了其理论解释力。

超循环基本理论的方法论意义有两点：第一，自组织系统是一个由低级循环形成高级循环或者由简单循环形成高级循环的循环之网③，这一循环会聚过程历经反应循环、催化循环以及超循环乃至更高级的超循环，最终建构了一个非平衡超循环组织；第二，循环是一种客观现象——既是系统联系的形式，也是系统发展的形式，三个基本循环层次内部的平层自循环和交叉循环以及彼此之间跃层的循环进化共同构成了一个自组织超循环体系，并以超循环进化的方式为自组织系统循环演化提供了创新动力的价值参数。

二　平台媒体自组织系统的循环会聚链环

作为一个远离平衡态的开放系统，平台媒体自组织系统的自组织进化亦采取了循环演化的形式。从反应循环，到催化循环，再到超循环就构成了一个从低级到高级的循环组织④（图3-5）。与之相应的，平台媒体自组织演化也遵循"反应循环—催化循环—超循环"的循环链环。在平台媒体超循环自组织过程中，经过具有双向因果关系的多重循环，价值不断积累，功能不断完善，从而向高度复杂的平台媒体组织系统乃至智能媒体进化。

---

① M. 艾根、P. 舒斯特尔：《超循环论》，曾国屏等译，上海译文出版社，1990，第8页。
② M. 艾根、P. 舒斯特尔：《超循环论》，曾国屏等译，上海译文出版社，1990，第3页。
③ 沈小峰、吴彤、曾国屏：《自组织的哲学——一种新的自然观和科学观》，中共中央党校出版社，1993，第89—90页。
④ M. 艾根、P. 舒斯特尔：《超循环论》，曾国屏等译，上海译文出版社，1990，第6页。

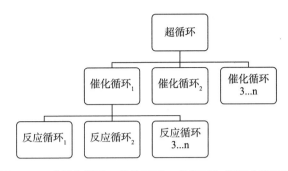

图 3 – 5　"反应循环—催化循环—超循环"循环会聚链环

　　超循环始于反应循环（图 3 – 6）。反应循环是远离平衡的开放系统最基础的循环形式，具有中间物不可逆及催化剂自创生的特征。

反应物 S + 催化剂 E→中间复合物 ES→中间复合物 EP→产物 P + 催化剂 E→反应物 S_p + 催化剂 E→⋯

图 3 – 6　反应循环过程

　　平台媒体在基础要素结构层次上进行着持续不断的反应循环再生：其反应物包括平台媒体参与者反应循环以及物质流、能量流、数据流和信息流反应循环等；而资本、技术、人力资源等在上述反应循环扮演着自创生的催化剂角色。上述反应物（S）以自循环或交叉循环的形式在催化剂（E）的作用之下，生成其产物（P）并完成催化剂的自创生。

　　反应循环的会聚则产生了催化循环（图 3 – 7）。催化循环是反应循环的循环联系系统，是高一级的循环形式。与反应循环相比，催化循环能够在循环过程中释出自催化剂，且其产物以指数形式增长。

（反应物 S + 催化剂 E）+（反应物 S_1 + 催化剂 E_1）+（⋯）→产物 $P_{1\cdots,n}^n$ + 催化剂 $E_{1\cdots n}$

图 3 – 7　催化循环过程

　　平台媒体作为一个复杂适应性系统，其间充斥着大量的催化循环。受催化循环网路系统的影响，资本、技术、人力资源等催化剂在此过程中不仅能够自创生（$E_{1,\cdots,n}$），还能借由自催化和交叉催化机制而产生资本进化、技术进化和人力进化等。与此同时，其产物（$P_{1,\cdots,n}^n$）也随之而出现指数型增长趋势——用户核岛、数据核爆等。

进一步，如果以催化循环为子系统，这些子系统通过功能的循环联系而连接起来，就会聚成更高一级的循环组织，这就是超循环①。超循环的显著性质是有整合性，允许相互竞争的子系统之间形成协同作用②。因此，超循环不仅是一种形式上的循环系统的整合，而且是一种功能性的综合③。

平台媒体的自组织特性决定了其必然采取超循环的演化形式。同样对于平台媒体自组织系统而言，超循环不仅使其实现了形式上愈加复杂的循环之循环，更为重要的是，原本相互竞争的子循环系统被统辖在了既竞争又合作的较高层次的非线性进化发展过程之中。正如艾根等所强调的那样，超循环组织是保持信息稳定性，并促使其继续进化的一个必要前提④。在超循环演化的作用下，平台媒体终将发展成为一个循环的高度交联的组织。也正是受到"反应循环—催化循环—超循环"的循环会聚链环的影响，平台媒体自组织系统能够逐步自我稳定和持续自我优化。

腾讯微信公众平台即为一个实现了循环之循环的超循环自组织系统（图3-8）：每一个订阅号或服务号的每一次内容生产及信息发布都是一个反应循环，内容提供者借由这一过程实现了其价值传递和利益获取；无数次内容生产及信息发布的会聚则产生了催化循环，并由此生成了粉丝数千万+、阅读量百万+和广告收入百万+的超级订阅号及服务号；这些不同规模的订阅号或服务号以既竞争又协同的方式联接起来，从而会聚成了更高一级的超循环平台媒体——微信公众平台。

---

① 沈小峰、吴彤、曾国屏：《自组织的哲学——一种新的自然观和科学观》，中共中央党校出版社，1993，第92页。
② 沈小峰、吴彤、曾国屏：《自组织的哲学——一种新的自然观和科学观》，中共中央党校出版社，1993，第92—93页。
③ 吴彤：《自组织方法论研究》，清华大学出版社，2001，第89页。
④ M. 艾根、P. 舒斯特尔：《超循环论》，曾国屏等译，上海译文出版社，1990，第61页。

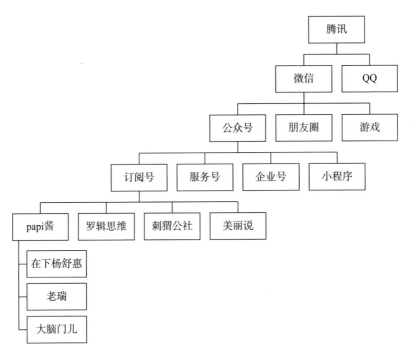

图 3 - 8　腾讯微信公众平台循环会聚链环

三　平台媒体自组织系统超循环演化中的价值共创

循环，既是系统联系的形式，也是系统发展的形式。作为循环之循环的超循环更是如此，它以一种更加复杂的方式实现了更加开放的系统自组织联系和系统自组织发展。

如前所述，循环会聚链环解决的是系统联系的问题。从反应循环，到催化循环，再到超循环就构成了一个从低级到高级的循环组织[①]。平台媒体自组织系统中的诸要素以三级循环的方式彼此联系，三个基本循环层次内部的平层自循环和交叉循环以及彼此之间跃层的循环进化共同构成了一个自组织超循环体系。

具体而言，平台媒体所有参与者以自由基的形式分布于平台媒

---

① M. 艾根、P. 舒斯特尔：《超循环论》，曾国屏等译，上海译文出版社，1990，第 6 页。

体生态系统之中，因应着目标任务的差异，在资本、技术和人力等催化剂的作用之下，不同的参与者以灵活多变的方式自主结合及自由离散，在生成更新的参与者以及内容流、物质流、能量流、数据流和信息流的同时，自再生或自创生新的催化剂。这一循环过程在高一层次上以更加复杂的方式持续不断地进行自催化循环和交叉催化循环，从而生成在整个系统自组织演化过程中占据支配地位的规模庞大、数量繁多的参与者、数据、能量等所构成的循环网络系统。此后，随着参与者、数据、能量等产物之间既竞争又合作的循环勾连关系的生成，以及其与资本进化、技术进化及人力进化等催化因素之间的循环协同进化，平台媒体自组织系统的超循环演化体系得以形成，并能够继续朝着更高层级的超循环自组织形态动态演进。

然而超循环自组织理论的方法论意义并不止于理清反应物—催化剂—产物以及反应循环—催化循环—超循环之间的因果逻辑关系，更为重要的是能够以超循环进化的方式为自组织系统循环演化提供有关创新动力的价值参数。

艾根在其研究中引入了"与每一种信息状态都相联系的、实际上是连续变化的价值参数"[1]的价值选择概念来对进化体系进行价值评价。在他看来，超循环是一种工具，它把那些长度有限的自复制体整合到某种新的稳定序中，从而能够相干地进化[2]。也就是说，超循环可以使得作为其组成单元的催化循环稳定地共存并相干地生长[3]。对于平台媒体而言，其自组织系统超循环演化中"稳定地共存并相干地成长"的价值参数即为价值共创。

平台媒体自组织系统开放、远离平衡态以及非线性的特质，使其蕴含着竞争与协作的各种可能性，然而无论是何种方式的竞合，

---

[1] M. 艾根、P. 舒斯特尔：《超循环论》，曾国屏等译，上海译文出版社，1990，第355—356页。

[2] M. 艾根、P. 舒斯特尔：《超循环论》，曾国屏等译，上海译文出版社，1990，第5页。

[3] 沈小峰、吴彤、曾国屏：《自组织的哲学——一种新的自然观和科学观》，中共中央党校出版社，1993，第105页。

都必须遵循基本的价值判断——价值共创。价值共创意味着平台媒体自组织系统中的价值流不再是单向度交付式的价值链形态，而是一个复杂连结的价值循环网络模式，亦即借由创造和再创造的周而复始以实现价值的共同创造。

尽管形形色色的平台媒体参与者拥有不同的价值主张，但在趋同的宏大变革愿景的驱动之下，这些价值主张在平台媒体自组织系统超循环演化过程中不断进行竞争与协同并存的价值对话，并逐渐析出占据支配地位的最优价值参数——价值共创。

平台媒体自组织系统模块化结构的形成以及共同治理理念的提出，都与其价值共创的超循环演化形式密切相关。超循环自组织系统价值创造力产生自在原有要素的一个平面上重新组合原有要素的"循环性结合"①，平台媒体模块化结构的构建及其作用机理即来源于此。此外，超循环的整合性特质使得其中每一个体的优势都能够被所有成员加以利用，而且在与任何可选择的组分单元的激烈竞争中都得以继续存在②，平台媒体参与者共同治理因此而成为必然。最终，与生物系统高度复杂的超循环联系相类似，平台媒体自组织系统也终将朝向平台媒体生态系统而持续不断地进行超循环演化发展。

---

① 吴彤：《自组织方法论研究》，清华大学出版社，2001，第98页。
② M. 艾根、P. 舒斯特尔：《超循环论》，曾国屏等译，上海译文出版社，1990，第5—6页。

第四章　自组织视域下的平台媒体
演进构造块

需要注意的是，自组织理论分析框架的解释力应被放置在具象的平台媒体情境之中予以解读，其理论建树本身也必须因应具体的媒介形态演化实践而判断其效用。因此，基于自组织理论的平台媒体演化研究的展开，应该从平台媒体本体的构造体系出发探查其自组织演进构造块。

构造是建筑学科专用名词，意指按照一定的建筑原理将若干构件连接起来而结构成特定的空间体系。构造块是其中最为基础的结构单元，按其作用的不同分为元素构造块和关系构造块，其中，元素构造块是整个结构体系的基本组件，关系构造块则是上述元素的结构方式，二者互为补充，共同构建了特定的建筑结构系统。构造块（Building Block）概念随后被推延至计算机编程、商业模式解构和组织架构扩展等多个领域，用以解释相关结构系统的构件要素及其连接关系。

平台媒体自组织演化原理的实施，是藉由自组织视域下的平台媒体演进构造块而完成的，亦即以构造块的形式构建平台媒体自组织系统。按照其构造作用的不同，平台媒体自组织演进构造块亦可以分为元素构造块——平台媒体参与者，以及关系构造块——平台媒体模块化结构、平台媒体试错机制和平台媒体商业模式。同样，平台媒体参与者作为元素构造块是平台媒体自组织系统的基本组元，而参与者之间以既竞争又协同的方式动态连接，进而形成了基于模块化结构、试错机制和平台商业模式的平台媒体自组织价值体系。

平台媒体参与者生产力的激活和释放，是平台媒体自组织系统演化发展的逻辑起点。平台已不仅仅是一种经济现象，更是一种组织结构，平台媒体自组织演进的关系构造块也应聚焦于其组织结构的变迁。平台媒体的自组织演化是一种多层次非最优化的社会演化，试错成为其必然的路径安排。平台媒体作为一个开放式自组织系统，基于平台商业模式的价值主张输出和价值获取输入是其得以存在的基本前提。

第一节　平台媒体自组织系统的参与者

在实际应用中，"平台"概念的使用具有很强的可拓展性，platform 一词可以与各种不同的情境相搭配，用以展示其之于社会系统各个领域的普适性——tech platform、digital andsocial media platform、pro-am platform 等等，不一而足。在这一概念的诸多应用维度中，pro-am platform 一词恰如其分地指出了平台容纳专业选手和业余选手同台竞技的外部性效应。也就是说，平台是复杂、多面向的系统，必须支援不同角色的使用者、以各种方式互动的庞大网络。服务整个产业的平台，必须利于产业各式各样参与者互动，他们有各种不同的动机，而且常随经济、法规、技术发展而改变①。将其代入平台媒体，则需要对平台媒体参与者概念界定及其价值创造进行重新认知和深度分析——平台媒体参与者生产力的激活和释放，是平台媒体自组织系统演化发展的逻辑起点。

一　平台媒体参与者

新平台"新"在哪？一个是新的背景。大众创业、万众创新，更内在的背景是互联网，在互联网的新背景之下。第二个是新的措施。我们现在体制上的新，是让员工成为合伙人，就是合伙人的模式。我们去年内部众筹了七家公司，今年还会有员工成

---

① 杰弗瑞·帕克、马歇尔·范艾尔史泰恩、桑吉·乔德利：《平台经济模式：从启动、获利到成长的全方位攻略》，李芳龄译，天下杂志股份有限公司，2016，第63页。

为股东，也不是说员工，就是所有人都可以成为股东，你只要有一样东西和省广合作。在省广这个平台上成立各种细分的专业公司，这是第二个新，对内对外的开放。第三个新是新平台业务，模式建立在链接、合作、嫁接上。比如说一个人有很好的技术，或者在某个行业有很好的研究，但靠一己之力做不到或做不好，我们可以整合省广的各种资源，这种新平台就是资源的链接。我们现在有117家公司，还有16个事业部，它可以链接嫁接整个省广系，整个省广集团。这个是业务模式的新。体制机制对内对外开放、大背景下双创和互联网、链接成为业务形态最重要的方式，主要就是这三个方面。这是新平台的解读。

——广东省广告集团股份有限公司副董事长及总经理　丁邦清

（访谈时间：2016 年 11 月 27 日）①

平台媒体（platisher）尽管是一个合成词，但以"-er"为后缀即表示其作为一个施事名词而强调做出动作或发生变化的"人"的因素。也就是说，平台媒体在某种意义上可以被解读为具有平台特征的"人"或以平台为业的"人"，如果将"人"的指涉具体化，即为平台媒体的参与者。从这一角度来看，平台媒体参与者价值资源的开发，或者说价值创造者能量的释放，是平台媒体自组织创新的基本逻辑前提。

之所以使用"参与者"一词，是因为平台媒体参与者是对平台媒体自组织系统所有成员的统称，具有较为丰富的内涵和外延。其一，平台媒体参与者的行动方式是非线性的。不同于一般意义上线性的传播链（传播者—媒介—受众）和产业链（上游资源供给者和技术研发者—中游产品生产者和服务提供者—下游市场拓展者和渠道分销商—使用者/消费者），平台媒体参与者以网络自由基的形式结合成模块化结构，他们以任务实现为导向、以价值共创为目标，

---

① 由笔者及研究团队根据访谈录音资料整理。

以平等互助为宗旨。其二，平台媒体参与者的行为主旨是共同参与、协同共生。对于平台媒体参与者而言，竞争不是其唯一的关系状态，兼具竞争和协作的协同关系能够产生更大的价值。同时，趋利也不再是其最高存在目的，所有成员都致力于构建一个良好的互利共生性的生态系统。其三，平台媒体参与者的角色身份是流动的。每一个平台媒体参与者，无论是个体还是组织，其所扮演的角色身份不是一成不变的，而是因应着情境而自由变化。就像 Uber 平台上司机与乘客的角色自由切换，平台媒体参与者也在"产—消—创"三者之间因需而变，他们是多任务执行者。其四，平台媒体参与者的构成边界是开放的。各类利益相关者都是平台媒体的参与者，除此之外，潜在的或者隐形的非直接利益相关者在某种程度上也可以划为平台媒体参与者，这是因为随着技术的进步，参与工具的开放和数据能源的丰沛在扩充平台边界的同时也开发出更多新的参与者。其五，平台媒体参与者的接入门槛是唯一的。尽管平台媒体参与者的大小和规模并不匀质，其在平台媒体上的地位也并不一致，但成为平台媒体参与者有且只有一个要求，即对平台媒体自组织系统的演化发展要有助益。如果这种助益是长久的，则为长期平台媒体参与者；如果这种助益是暂时的，则会随着效用的发挥和新效用的需求产生平台媒体参与者的自组织遴选。

有鉴于此，以平台媒体参与者来进行统一指称，是因为"参与者"不是哪个传播环节的行为主体，也不是单一传媒组织的作用对象，更不是某一应用品类的使用者，而是所有平台媒体成员的集合与杂糅，是一种对平台媒体生态圈建构者和价值创造者的统称。

重混战略指出：竞争与协作不仅发生在单个企业间，而且更多发生在企业内外部组合（收购、外包、合资、合作开发、共享市场、技术许可、联盟/合作、生态系统、协会、供应商网络和开放式创新[①]）

[①] 本杰明·戈梅斯－卡塞雷斯：《重混战略——融合内外部资源共创新价值》，徐飞等译，中国人民大学出版社，2017，第 7—8 页。

间。因此，在平台媒体这一复杂系统中，在"平台方—双边/多边使用者"这一核心利益相关者的刚性匹配之外，还出现了相当多基于价值网的平台媒体使用者乃至未来潜在应用者的自主排布。这些参与者尽管在个体规模上暂时无法与主要利益相关者相比较，但开放体系模糊了其边界，带来了平台媒体参与者的泛化。源源不断的新进入者共同构成了一个平台媒体参与者"长尾"，在平台媒体生态系统中的作用不容小觑。尤其是数字化新媒体技术为其提供了更多的机会使之能够挟技术创新之特长由价值网边缘向中心移动乃至跃迁。

除此之外，在自组织协同作用机制下，受序参量及其役使规律的影响，尽管宏观视角上的平台媒体系统趋于匀质，但微观范畴上则存在混沌。也就是说所有参与者在遭遇并享有并无二致的技术及其赋能的同时，都是一个可以与其他参与者相互组合的自由基，它们在整个平台媒体自组织系统中以模块化的形状而存在并因应目标任务的变动而灵活组合或自由拆分。自组织体系中的混沌状态意味着存在突变的契机，对于平台媒体自组织系统而言，参与者在个别规则层面的混沌将带来更多的价值共创的机会。

需要注意的是，平台媒体参与者的角色与功能并不是固态的，因应平台媒体自组织系统的平台属性和自组织特质，其身份角色和价值功能都是流动的。因此，很难清晰界定每一个平台媒体参与者，而只能以目标任务为导向对其进行核心参与者与边缘参与者的大致区分。尽管如此，二者之间的差别与联系也不是固定不变的，甚至由于平台媒体边界的模糊，越来越多的外部参与者都能以各种方式作用于平台媒体自组织系统演化。随着平台媒体的进化，平台方、用户、合作伙伴（内容服务商、技术提供商、数据分析商）、政府/管理者以及其他诸多现有或潜在的第三方利益相关者等都可以被纳入平台媒体参与者的概念范畴。

综上所述，平台媒体参与者是构建平台媒体自组织系统的基本价值单元，也是平台媒体自组织演化及创新的主要实施者，其指涉意义非常丰富。一方面，平台媒体参与者包括依托平台媒体自组织系统而运转的所有成员，个人、团队、组织乃至子平台等不同规模和不同性质的参与者均被囊括其中；另一方面，平台媒体参与者突破了平台体系的内外部边界，核心参与者与边缘参与者可以相互转换、内生参与者能够自由结合及自主离散、外部参与者源源不断地涌现并向中心节点渗透。除此之外，平台媒体参与者之间在目标任务引导下形成了多样化的桥接方式，并由"产—消—创"者的全新角色定位而滋生了价值共创的更多可能性。

二　平台媒体参与者技术赋能及价值共创

互联网时代所带来的一个至关重要的转变就是用户概念的出现以及用户思维的产生。这一转变不仅表现为从受众/消费者到用户的名称变化，更在于其在产业链及价值网中地位的迁移——以用户为中心成为新商业文明的表征之一。以用户为中心的初级状态即为用户体验至上，强调的是对用户需求的挖掘与满足。此后，随着互联网技术的代际更迭，以用户为中心的游戏规则亦得以重新制定——用户不再拘泥于自身需求的被满足，而更加追求自我需求的超循环式自组织实现。在这一过程中，用户参与的主动性和创新的积极性日渐增强，毋庸讳言，用户已然崛起并业已成为价值创造的主要源泉。

从用户体验至上到用户参与价值创造的升级，从表象来看，是一种基于网络化社会权力回溯机制的个体进化，然而究其根本，则还是要归结于技术逻辑的作用。长期以来，技术工具经由媒介渠道而发挥的社会影响力一直被视为"技术赋权"。然而，赋权（empower）是一个来源于"社会—政治"领域且与控制相关的概念或现象，并不足以解释广义演化博弈过程中"技术—个体—制度"的共同进化机理。因此，真正轮转平台媒体自组织系统价值创造的技术魅力则在于"技术赋能"的强大驱动力——供给能量、赋予能力和创造可能性。

如前所述，技术赋能是驱动平台媒体自组织演化的役使原理，然而技术的中立特性使得这一役使规律的作用需要仰仗"人"的主观能动性，对其进行价值判断更是必须基于"人"的行为轨迹和活动结果。因此，对于平台媒体自组织系统而言，明确技术赋能的目标对象关乎技术赋能原理的实施效果。平台媒体在某种意义上可以被解读为具有平台特征的"人"或以平台为业的"人"，如果将"人"的指涉具体化，即为平台媒体的参与者。也就是说，平台媒体是"人"的集合，技术赋能不是专门指涉其双边市场用户群体，也不是仅仅作用于某一个或某一类"人"，而是数字化新媒体技术簇以供给能量、赋予能力和创造可能性的方式赋能所有的平台媒体参与者，使之能够以平等、自发、共创、分享的姿态，实现平台媒体与其成员之间、平台媒体参与者之间以及平台媒体参与者与外部环境之间的协同进化。

（一）技术赋能：从用户赋权到平台媒体参与者赋能

参与者技术赋能作为驱使平台媒体复杂适应性系统自组织演化的序参量役使规律的一个相面，具有多个层次的意义及内涵。从其作用顺序来看，平台媒体参与者赋能以用户为初始中心逐步向边缘扩散，直至最终辐射所有平台媒体参与者，是一个由用户崛起带动参与者崛起的递次联结。从其效用层次来看，平台媒体参与者赋能并未停留在用户赋权这一表层现象，而是进一步深入至以参与者赋能实现价值共创的更广层面的结构性变革与更高水平的顶层设计，是一种从单一赋权到全面赋能的逐级深化。

1. 由用户崛起带动参与者崛起的递次联结

技术赋能役使规律作用于平台媒体参与者，即以用户的崛起为触发点，联动内容服务商、技术提供商、数据分析商以及其他诸多现有或潜在的第三方利益相关者相继崛起，形成一个串联加并联的混合型价值分流回路。

平台媒体用户崛起主要体现在三个层次：用户数量的增长、用户技术素养的提升以及用户价值创造能力的发动，并由此三个维度逐一扩散至所有的平台媒体参与者。

首先，信息技术的发展，带来了数量庞大的互联网及移动互联网用户①。按照平台双边市场结构理论，用户数量的指数级增长与网络外部性效应的成倍放大紧密关联。用户数量作为一种质量参数，直接影响着与之相应的内容服务商、技术提供商、数据分析商以及其他诸多现有或潜在的第三方利益相关者等各类参与者的规模和效用。从这一角度来看，平台媒体参与者崛起来源于用户崛起并反哺用户崛起。

其次，数字化新媒体技术降低了用户媒介使用的门槛，其工具属性的大规模开发及大范围推广，极大地提升了用户的技术应用能力。越来越多的用户越来越熟练地使用数字化新媒体技术在参与媒介内容产制与发布的同时，主动应用平台媒体所提供的各项服务来改善生活质量。为了更好地响应技术素养层面的用户崛起，则要求与之相应的平台媒体参与者的全面崛起。

再次，技术进化在给予用户传播工具的同时，还变革着其价值创造理念。用户崛起的最高层级是用户参与价值共创，不同于大众传播时代之于受众的被动价值输入，也不同于媒体平台阶段用户体验至上所掩盖的用户需求的被满足，作为一个开放协同的自组织系统，平台媒体用户与其他所有的参与者以及平台外部环境互为补充、相互协作，以共同崛起的方式实现价值共创和利益共享。

据此可知，技术赋能以用户崛起为触发点，从规模、素质和价值三个层面役使着平台媒体参与者的全面崛起，奠定了平台媒体自组织系统构建与优化的情境与基础。

2. 从单一赋权到全面赋能的逐级深化

对于平台媒体参与者而言，技术赋能役使规律的效用经历了从单一赋权到全面赋能的逐级深化过程。第一阶段，技术的扩散使得权力的基本单元由组织分解为个人，实现了传播话语权从组织权威赋权到用户自我赋权的转移；第二阶段，技术的渗透又将能量、能

---

① 据CNNIC《第45次中国互联网络发展状况统计报告》，截至2020年3月，中国网民规模达9.04亿，普及率达64.5%；中国手机网民规模达8.97亿，增速有所放缓但仍继续保持增长态势。

力和可能性会聚为一体，并以关系结构重组和资源重新配置的方式，进一步赋能所有的平台媒体成员。

一方面，数字化新媒体技术不仅催动着用户之于媒介内容的强大生产力，更是进而诱发了传受双方的权力博弈。自其诞生伊始，围绕着"民主与科学"的技术赋权意义之讨论就从未停止过。尽管赋权最初产生于社会学及政治学研究领域，但赋权过程与传播机制密切相关亦是一个不争的事实，因此，传播学视域下的技术赋权成为媒介价值的重要体现之一。

数字化新媒体技术的赋权特质因其强大的社会传播功能而显得尤为突出。新媒介赋权指的是媒介成为权力实现的重要源泉与力量[1]，并依序在心理赋权、组织赋权乃至社会赋权三个层次上展现对于社会权力分布的颠覆式影响。用户的出现是技术赋权的直接结果，技术以提供数字化信息传播工具的方式实现了从受众到用户的转变，个体不仅得以享有平等的话语权，甚至还能够参与传播权的再分配。

另一方面，用户赋权仅仅是技术赋能的基本表现，随着数字化新媒体技术的进化，用户赋权逐步进化为用户赋能。与此同时，在平台媒体双边市场网络外部性效应的作用之下，用户赋能也将在参与者之间来回振荡，最终实现所有平台媒体参与者技术赋能。

也就是说，参与者赋能是用户赋权的必然趋向，更是互联网时代乃至移动互联网时代组织变革的基本前提。对于平台媒体而言，参与者技术赋能既是制定运行秩序的首要原则，也是实现发展目标的战略指导。

值得注意的是，赋能不只是出于数量的增加或者能力的提高而产生的话语权的再分配，而更是一种角色功能的转换和价值取向的反转，以及随之而来的组织结构的平权分布和管理方式的共同治理。因此，平台媒体参与者技术赋能的重要价值在于由权力分配的零和

---

[1] 师曾志、胡泳等：《新媒介赋权及意义互联网的兴起》，社会科学文献出版社，2014，第3页。

博弈向价值共创的自组织生态化演进转变。

（二）价值共创：平台媒体参与者技术赋能的向度

平台媒体技术赋能的本质是以技术为基点激活参与者的价值创造力。赋能不同于赋权，技术赋能并未将注意力投注于平台媒体参与者之间权力分配的零和博弈，而是从物质基础和精神观念两个层面给予每一个平台媒体参与者以协同演化的自组织生态位。从这一角度来说，技术赋能以工具属性和文化属性两个向度撬动并影响着平台媒体参与者的价值创造。

平台媒体参与者技术赋能肇始于"技术—工具"赋能，也就是将技术作为参与者获取信息资源和释放传播能力的工具或手段。随着数字化新媒体技术自身工具属性的不断进化，参与者对于技术应用的认知水平和熟练程度均得到了大幅提升。克莱·舍基在其著作《认知盈余》中提到，"媒介同时并排包含了消费、生产和分享这几种可能性，这些可能性对每一个人都是开放的"[①]。凭借技术工具的推广和渗透，内容产制的低门槛及传播路径的去中心化使得原本单一的线性内容产制和信息传播过程被主体多元化、内容多元化和渠道多元化所取代，所有成员的参与度、互动性和个性化空前高涨，从而进入全民平等参与阶段。在由 B2C 到 C2C 以及 C2B 的资源回流和权力回溯的过程中，平台媒体参与者亦实现了从消费者到产消者的重大转变。

平台媒体参与者技术赋能落脚在"技术—文化"赋能，亦即通过挖掘技术所隐含的文化张力而实现平台媒体参与者的价值共创。平台媒体系统的自组织演化不可避免地涉及数字化新媒体技术与参与者个体的共生演化——与技术框架的社会建构既包括硬件设施建设也包括规制及意义构建一样，平台媒体参与者技术赋能不仅有物质层面和观念层面的进步，更为重要的是对其价值判断和心智认知的改造。技术赋能之于平台媒体参与者的作用，绝不仅止于为其供给技术

---

① 克莱·舍基：《认知盈余：自由时间的力量》，胡泳译，中国人民大学出版社，2012，第 227—232 页。

工具，更为重要的是经由技术和个体的共同进化而对其价值判断的颠覆式重构。未来学家保罗·萨佛发现，人类最初是一个生产者的经济，后来转变成了消费者的经济，而今又在朝着创作者的经济前进①。从被动接受的"受众"到相对自由的"阅听人"再到完全自主的"用户"直至价值回溯的"参与者"，技术赋能使得平台媒体参与者最终实现了"产—消—创"者的地位跃迁及创造力激活。

　　平台媒体时代的到来，正式宣告"产—消—创"者这一全新的平台媒体参与者角色功能定位的确立。平台媒体自组织系统的技术序参量及其役使规律在为平台媒体参与者赋能的同时，为其价值共创提供了内生性驱动力。随着平台媒体参与者创造力的逐渐激活，平台媒体参与者与平台媒体组织的相互关系由从属变成了分布连接，力量结构由集权变成了平权分配，管理方式由科层变成了共同治理，战略主张由利益攫取变成了价值共创。从"消费者"到"产消者"再到"产—消—创"者，平台媒体参与者的涉入程度日渐提高，价值对话能力也获得了质的飞跃。如同用户之于企业，用户价值之于企业商业模式，平台媒体参与者的价值共创是平台媒体自组织系统演化的精要之所在，其重要性怎么强调都不为过。

第二节　平台媒体自组织系统的模块化结构

　　一直以来，经济学视域中对平台的解析往往将关注的焦点投射于"边"——市场的范畴。围绕着双边乃至多边市场，产生了平台商业模式、平台定价策略、平台竞争战略、平台外部性理论和平台多属行为特质等一系列平台经济理论解释。然而，随着平台影响力的持续扩大，其作用范围亦得到了极大的拓展：平台已不仅仅是一种经济现象，更是一种组织结构和生态模式，更有甚者，平台成为

---

① 转引自萨利姆·伊斯梅尔、迈克尔·马隆、尤里·范吉斯特《指数型组织：打造独角兽公司的11个最强属性》，苏健译，浙江人民出版社，2015，第23页。

了一种社会理念。因此，有必要从管理学和社会学视角切入，来重新审视平台及其组织结构。与之相应的，平台媒体的演进逻辑也应聚焦于其组织结构的变迁。

组织结构决定着其可扩展性。因应《敏捷软件开发宣言》中所提出的"最好的架构、需求和设计源于自组织的团队"[①] 这一方法论原则，以技术公司为先导，传媒组织开始试验组织结构的各种排列组合的可能性，新的敏捷型组织结构逐渐浮现。不同于功能型和矩阵型组织结构，敏捷型组织结构的实施路径即为：把系统分割成微小的服务，然后再构建成大的系统[②]（图 4 - 1）。这种分解和集中相互嵌套的模块化组织结构同样适切于平台媒体自组织系统。

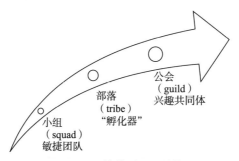

图 4 - 1　敏捷型组织结构

资料来源：马丁·L. 阿伯特、迈克尔·T. 费舍尔：《架构即未来：现在企业可扩展的 Web 架构、流程和组织》，陈斌译，机械工业出版社，2016，第 76—77 页。

一　模块化及其意义

达尔文主义认为，任何复杂系统都是由不完美却又严格模块化的适应体所组成的相互联系的结构，这种结构对于在给定的环境中生存来说是足够成功的[③]。从这一角度来看，模块化是复杂系统的一

---

① Kent Beck et al. , "Manifesto for Agile Software Development", *Agile Alliance*, 2001, June 11, 2014.

② 马丁·L. 阿伯特、迈克尔·T. 费舍尔：《架构即未来：现在企业可扩展的 Web 架构、流程和组织》，陈斌译，机械工业出版社，2016，第 67 页。

③ Geoffrey M. Hodgson、Thorbjørn Knudsen：《达尔文猜想：社会与经济演化的一般原理》，王焕祥等译，科学出版社，2013，第 197 页。

个普遍特点①。

著名的哲学猜想"特修斯之船"的实现基础即为模块化，实际上，模块化的出现与社会分工体系的形成密切相关。可以说，从最初的劳动自然分工开始，模块化组件就被赋予了功能性角色。随着生产力水平的提高，尤其是技术的狂飙突进，模块化的价值得以空前凸显，并由原初的工业产品设计原理，发展为一种在信息技术革命背景下产业的发展过程中逐步呈现出来的用户解决复杂系统问题的新方法②。不难看出，从产品设计的模块化到生产过程的模块化，再到组织结构的模块化，直至顶层规划的模块化。模块化已由生产领域的实践逐渐上升到了战略思维的重构，并成为分散化的复杂适应性系统演化的一种路径锁定。

何为模块化？美国学者鲍德温和克拉克提出：模块就是大系统的单元，这些单元虽然结构上相互独立，但是共同发挥作用③。日本学者青木昌彦等认为："模块"是指半自律性的子系统，通过和其他同样的子系统按照一定的规则相互联系而构成的更加复杂的系统或过程④。据此可知，系统模块具有既彼此独立又相互勾连的特征，因此，模块化的实质就是关系的模块化重组——在以基本规则确保系统整体关系集聚的同时，以分权的方式给予个别子系统关系向度的选择自由——从而既保证结构的独立性又保证功能的一体化。与此同时，通过建立一个模块化的结构，在帮助不同的子系统实现协同作业之外，也能更好地应对复杂系统发展过程中可能会出现的各种不确定性和风险性因素。

---

① 卡丽斯·鲍德温、金·克拉克：《设计规则：模块化的力量》，张传良译，中信出版社，2006，第XI页。
② 青木昌彦、安藤晴彦：《模块时代：新产业结构的本质》，周国荣译，上海远东出版社，2003，导读第3页。
③ 卡丽斯·鲍德温、金·克拉克：《设计规则：模块化的力量》，张传良译，中信出版社，2006，第55页。
④ 青木昌彦、安藤晴彦：《模块时代：新产业结构的本质》，周国荣译，上海远东出版社，2003，第5页。

二　平台媒体自组织系统模块化的价值

一个媒体里产业链的完全的分工化非常细，从内容产生到编排设计到印刷发行到广告投放，所有的环节全部是社会化分工，就像一条生产线上不同的组件，（员工）只负责把这些组件全部整合起来，然后形成一个闭环，让它自己来运转。现在看起来，一边是传统媒体开始退出全产业链的状态，而成为局部的比如通讯社形态；另一边，千千万万的自媒体开始蓬勃发展，尤其第一批种子自媒体都已经起来了。后来，大家也在反思一个问题，媒体到底是什么？媒体的要素没有发生质的变化，只不过随着技术的发展，这些环节开始分割开来。生产者和分发者作为媒体的某一个环节而存在，也都可以叫作媒体。这个链条上的每一个环节都是媒体，颗粒度越来越细了，越来越分化了。

——腾讯房产总经理、腾讯大楚网总裁 余凯

（访谈时间：2017 年 3 月 18 日）①

因应平台媒体自组织系统的非线性运行状态和无边界结构方式，其组织结构及行为机制亦日益呈现出模块化的演化逻辑。对于平台媒体自组织系统而言，模块化是其技术赋能得以实现的一种重要途径。

究其原因，在于模块自身的复杂化是与信息技术共同进化发展的②。追根溯源，模块时代的发展基本遵循"技术模块化—产品设计模块化—组织形式模块化—生产网络模块化—产业结构模块化—经济体系模块化"这一扩散路径。其中，"技术模块化"是整个模块时代的起点。技术思想家布莱恩·阿瑟在论及技术的本质时也曾指出技术的基本单位是功能模块。正是因为技术的模块化带来了更加细密的分工体系，从而为组织形式模块化、产业结构模块化乃至经济体

---

① 由笔者及研究团队根据访谈录音资料整理。

② 青木昌彦、安藤晴彦：《模块时代：新产业结构的本质》，周国荣译，上海远东出版社，2003，第 7 页。

系模块化创造了可能。

这一领域的研究先驱、美国学者鲍德温和克拉克在《设计规则：模块化的力量》一书中明确提出了模块化的两个主要特点——模块化设计创造选择权，以及模块化设计可以演进。简而言之，模块化能够在鼓励系统创新的同时完成自我强化。

模块化系统一定是要有一个统一的根本性规则，这一备忘录式的规制通过提供一个协调框架以确保系统中各个模块组件协同运作。但同一模块内部以及不同模块之间的规则却是灵活自洽的，在运行过程中允许甚至鼓励分布式的规则创新。一方面，根据"技术—制度—个体认知"三者共同进化的原理，随着模块规则的创新，新技术以及与之相应的生产方式的新组合也应运而生，由此出现了新的模块，而这些新的模块反过来也会要求更新的规则以至于更新的技术和更进一步的规则，如此循环往复之间，便产生了创新。另一方面，模块化系统的优点是，其组件能够组合和搭配起来，在某一特定条件下实现最高价值的配置（configuration）①。摆脱了预先设计好的规则的僵化束缚之后，各个模块化组件可以自由结合和任意混搭，甚至能够从多次试验中择选出最佳的路径，从而实现自下而上的分散化创新。

除此之外，与彼此嵌套的技术递归性结构相呼应，模块化包含着"大盒套小盒"的结构②。模块化的这种递归性结构特征，在某种程度上体现为较低层次模块的进化，然后以分离和替代、去除和增加、归纳和改变的模块化操作，为系统自创生觅得契机。除此之外，如果说单一模块的进化发展带来的是分布式技术创新，那么在模块化递归性结构的加权作用之下，模块集中化之后能够产生显著的创新集群效应，基于这种层级式的创新价值的外溢将不断提升模块自身的实力并惠及整个模块系统。

---

① 卡丽斯·鲍德温、金·克拉克：《设计规则：模块化的力量》，张传良译，中信出版社，2006，第XI页。
② 青木昌彦、安藤晴彦：《模块时代：新产业结构的本质》，周国荣译，上海远东出版社，2003，第5页。

有鉴于此，模块化是平台媒体自组织演化过程中技术赋能得以实现的一种重要途径。如前所述，平台媒体自组织演化是一个以技术作为核心序参量，并始终遵循技术赋能这一役使规律的协同演化过程。技术赋能具体表现在三个方面——供给能量、赋予能力和创造可能，平台媒体开放式模块化结构的建立、系统规则和个别规则的确定，以及基于模块化递归性特质的自下而上的系统创新，无一不是技术赋能的具体实现。

首先，平台媒体开放式模块化结构的建立，确保了平台媒体自组织系统在运行过程中的兼容性和扩张性。随着技术的不断迭代，数量繁多的新技术创业公司以创新模块的形式源源不断地参与到平台媒体系统之中，它们所隐含的创新能力和市场潜力使之成为平台系统中创造新价值利基点的最大源泉。尤其是数据型创新模块（大数据、云计算、区块链等）的加入，极大地拓展了平台媒体的自创生能力，从而能够为平台媒体自组织系统的演化持续地供给能量。

其次，硬性的系统规则和柔性的个别规则相辅相成，尤其是个别规则的分散独立创造了大量的选择机会，而选择意味着更多的可能性。大量的模块组件在个别规则驱动下可以自由结合和任意混搭，从而使低成本的创新试错机制成为可能，并逐渐成长为系统创新的引爆点。同时，灵活多变的个别规则能够更好地响应并满足对于产品及服务的多样性需求，也能更加有效地应对平台媒体发展过程中的各种不确定性风险。

最后，基于模块化递归性特质的自下而上的创新系统，将单个模块的个体创新和模块集中化之后的系统创新相结合，使得平台媒体自组织系统模块化所创造的价值广泛地分散于平台成员之中。通过平等地赋予每个平台媒体参与者利用模块化作业的能力，能够产生创新的正反馈循环机制，由小规模的自我强化逐级扩散，最终外溢为整个系统的组织结构革新和创新能力递进。

三 平台媒体自组织系统模块化的实施

我理解的平台型媒体，不是一个，而是集群。比如 Facebook、谷歌，是一系列超级平台的集合。比如 BAT，下面有无数个平台。这不是什么精确的概念，而是一个模糊的指代。我们具体说个例子吧。比如谷歌。谷歌搜索是超级应用，基于这个应用出来了谷歌新闻，那是文字的。然后，谷歌买了埃文·威廉姆斯的博客平台，那是互联网上第一个真正成气候的 UGC 平台。谷歌又买了 YouTube，那是视频超级平台，有整合，有原创。我们说谷歌是超级平台型媒体，是说博客平台呢，说 YouTube 呢，还是说谷歌新闻呢？它们每一个都是，合起来说更是。事实上，它们都是不可分割的。

——杰罗姆

（访谈时间：2017 年 3 月 14 日）[①]

正是因为模块具有递归性结构特征，因此存在两种模块化发展路径——模块分解化[②]和模块集中化[③]。平台媒体自组织系统的形成，就是采用了后一种路径。从这一角度来看，平台媒体是在开放、共生和学习的联系规则之下由一群彼此相对独立的参与者经过自组织演化过程而形成的一种模块集合或"模块簇群"（modular cluster）。

（一）平台媒体自组织系统模块化的规则体系

所有平台背后的基础架构基本上相同，也就是说，系统被区分成一套稳定的核心元件，以及一套高变化的辅助性周边元件[④]。与之

[①] 由笔者及研究团队根据访谈录音资料整理。

[②] 将一个复杂的系统或过程按照一定的联系规则分解为可进行独立设计的半自律性的子系统的行为。

[③] 按照某种联系规则将可进行独立设计的子系统（模块）统一起来，构成更加复杂的系统或过程的行为。

[④] 杰弗瑞·帕克、马歇尔·范艾尔史泰恩、桑吉·乔德利：《平台经济模式：从启动、获利到成长的全方位攻略》，李芳龄译，天下杂志股份有限公司，2016，第 86 页。

相呼应，平台媒体自组织系统模块化的规则体系也由相对恒定的系统规则和灵活应变的个别规则两部分共同组成。

平台媒体自组织系统的模块化必须确定每个参与者共同遵守的系统联系规则。当然，基本的平台守则和传播原则是不容随意篡改的规则前提，这是因为这些规则直接决定了平台媒体自组织系统能否自始至终地沿着恰当的方向发展以及该系统是否具有较强的兼容性。对于平台媒体自组织系统而言，起到提纲挈领作用的本源性规则即为平台媒体的 DNA 图谱——开放＋共生＋学习。

随着模块数量的不断增加，平台媒体自组织系统的复杂性和不确定性程度亦越来越高，因应这一变化趋势，在本源性规则基础之上，可以演化、衍生出诸多灵活多变、敏捷适切的模块内和模块间规则，而这正是平台媒体自组织系统创造选择价值的最大源泉。当然，这些规则不再是事先确定且永不更改的，平台媒体自组织系统的开放架构和开源代码要求其规则也能随之进化发展和持续创新。

《华盛顿邮报》摒弃了 CMSs 一体化（即印刷版和网站版必须相同）的既定原则，将内容管理从内容生产中独立出来，转而由每个发布平台决定各自的内容规则，从而在制度层面为模块组件的自由结合和任意混搭提供了更具弹性的个别规则保障。除此之外，《华盛顿邮报》还推出了 Arc-publishing 内容平台，并以此为基础进一步生成了 Clavis、Bandito、Re-Engage① 等一系列极具商业应用价值的工具，这些工具既可以单独使用，也可以通过工具模块组合的方式灵活便捷地实现协同工作②——Loxodo、pagebuilder、websked③。

（二）平台媒体自组织系统模块化的战略决策

与此同时，模块化规则的双重结构决定了平台媒体的参与者在

---

① Shan Wang, "How the Washington Post Built Its Tool to 'Re-engage' the Attention of Distracted Readers on Mobile", Feb. 19, 2016, http://www.niemanlab.org.

② Shailesh Prakash, "Why The Post Is Offering Software to Other News Publishers", June 2, 2015, https://www.washingtonpost.com/pr/wp/2015/06/02/prakash-on-software-as-a-service/? tid = a_inl&utm_term = .7033a5a3ddad.

③ http://www.arcpublishing.com/.

该系统中可以采取不同的战略决策——作为系统规则的设计师和作为个别模块的制造者。如果以计算机作比的话，即为操作系统的设计者及其规则制定者与在操作系统平台之上的应用程序开发者和内容服务供给者之间的区别和关联。在平台媒体自组织系统中，提供平台架构并承担系统规则设计者任务的是 BAT 型组织，其坐拥资本、人才、市场、用户等优势，主导着整个平台生态圈的发展方向。诸多以创新技术为支点的小型创业公司则属于平台模块的参与者和制造者，其在凭借创新性模块加入平台的同时，能够积极响应环境变化、灵活应对用户需求、敏捷调整组织方法，从而获得指数型收益。

结构规划和行动实施的竞争优势并不一致，但二者之间的边界却是可以相互渗透的。尤其是随着模块化结构的继续深入，整个系统的复杂性程度亦持续提高，从而为规划和执行带来更多的可能性。一方面，BAT 机构沿着"模块分解化"路径，采取组织内孵化和跨组织吸纳的方式，不断分裂出新的模块以开发或培育新的利基点。另一方面，小型独角兽公司沿着与之相反的"模块集中化"路径，在业务扩张和价值延伸的牵引下，逐渐聚合在一起形成新的模块乃至最终成长为新的平台。

（三）平台媒体自组织系统模块化的运行过程

斯坦福大学经济学教授、熊彼特奖获得者青木昌彦提出模块集中化的三种基本形式：金字塔形分割、信息同化型联系和信息异化型·进化型联系（表 4 - 1）。

表 4 - 1　模块集中化的三种基本形式及其在媒介演化进程中的映射

模块集中化的 三种基本形式	基本特征	对应的 媒介形态
金字塔形 分割	"舵手"负责处理专业的、排他的系统信息，事先决定模块的联系规则。各模块的活动开始后，即使系统环境发生了很大的变化，也只有"舵手"有权决定改变联系规则。就是说"舵手"起系统设计师的作用。各模块在"舵手"发出"看得见的"信息的条件下，负责处理各自活动所必需的个别信息	媒体平台

模块集中化的三种基本形式	基本特征	对应的媒介形态
信息同化型联系	在"舵手"的领导下，"舵手"与模块之间（或者在某种情况下是模块与模块之间）不断地交换经常发生变化的系统信息，各模块的活动开始后，联系规则也会作细微的调整。意思就是"看得见的"信息在"舵手"与模块之间来回流动，被两方面利用	媒体平台-平台媒体
信息异化型·进化型联系	不是单一的模块主体而是多个模块主体同时在反复活动，而且存在多个"舵手"。各模块主体独立于其他模块，负责处理个别信息和有限的系统信息。于是，各模块发出的"看得见的"信息不一定是相同的，而是不同的信息。但是，这种异化的信息由"舵手"对它从"舵手"本身所处的系统环境角度加以解释后以简约的形式再反馈到整个系统。于是，各子系统的活动主体对系统信息的处理就包括对反馈过来的异化信息的比较、解释、选择等活动。通过这种分散的信息处理、传达、交换，使单一的（有时是多数的）模块之间的联系规则不断被筛选，从而进化发展。"舵手"通过事后对整体规则的整合，找出最合适的模块组合，形成生产系统。在这里，"舵手"的功能说起来就是找出路径的人（path finder）	平台媒体-智能媒体

资料来源：青木昌彦、安藤晴彦：《模块时代：新产业结构的本质》，周国荣译，上海远东出版社，2003，第15—19页。

　　这里以"舵手"比喻领导者或管理者。"舵手"在整个模块化系统中所处的位置及其作用方式的不同，决定了模块集中化方式的差异。而将这一差异投射于传媒领域，可以清晰地勾勒出"媒体平台—平台媒体—智能媒体"的媒介演化过程。

　　金字塔形分割式的模块集中化，将"舵手"放置在整个组织结构的最高层级，全权主导着模块化运行。这种形式的模块集中化类似于传统的科层制管理结构，制定及改变系统规则的权力高度集中于居于中心地位的上层领导者手中，各模块必须严格遵循既定的联系规则。媒介融合背景下的媒介集团化实践，尤其是报业集团的成立及其运行机制，则多采用了金字塔型分割式的模块集中化形式。纵观中国传媒集团二十余年的发展历程，来自主管部门的行政力量是其主要的外部推动力，更扮演着主导其系统规则设计并实施的

"舵手"角色。这种金字塔型模块集中化在媒介融合进程中的直接产物就是媒体平台。浙报集团作为我国媒介集团化先锋，在其未来规划中，浙报集团明确提出：努力构建互联网枢纽型媒体应用平台[①]。可以看出，在媒介演化过程中，媒体平台即为一种典型的金字塔形分割式的模块集中化。

信息同化型联系式的模块集中化，系统信息在"舵手"与各模块之间来回流动，并随着组织运行而细微调整。此时，尽管组织的中心仍然归结于上层领导者，但领导层与子系统之间以及子系统各模块之间的信息交换日渐频繁。同时，模块联系规则虽然也是事先确定的，但逐渐呈现动态调整的趋势而非不可撼动的。媒介演化中的"媒体平台—平台媒体"进化时期，正是信息同化型联系式模块集中化的蜕变阶段，媒介融合过程中所经历的曲折和阵痛，即是对这一过程的见证。从媒介集团发展实践来看，无论是新媒体或传统媒体自身的并购重组，还是新媒体与传统媒体之间的并购重组，不同介质媒体集团在管理体制、运行机制、文化基因的重组方面困难重重。单纯的行政力量已不足以维系整个媒体组织的有效运转，来自媒介系统内部的信息流交换和数据流增值等开始汇聚并形成一股内生型的驱动性力量，平台媒体自组织系统得以孕育雏形。

信息异化型·进化型联系式的模块集中化（图4-2），是模块集中化的最高形态，也是媒介演化的终极目标。在这里，多个模块独立活动的同时，泛中心化的趋势使得"舵手"由唯一系统设计师变为多个中介性主体。信息异化意味着模块规则的分散化、多元化和可选择，信息进化则通过这种分散的信息处理、传达、交换，使单一的（有时是多数的）模块之间的联系规则不断被筛选，从而进化发展[②]。对于

---

① 吕尚彬、权玺：《重塑媒介生态 构建媒体平台——2013年中国媒介经济事件述评》，武汉大学媒体发展研究中心等主办《中国媒体发展研究报告（2014年·媒体卷）》，武汉大学出版社，2016，第69~78页。

② 青木昌彦、安藤晴彦：《模块时代：新产业结构的本质》，周国荣译，上海远东出版社，2003，第18页。

媒介演化而言，发展到这一阶段，特别是进化机制的出现，意味着平台媒体自组织系统最终成形并开始具备向更高层级的智能媒体形态演进的基础。

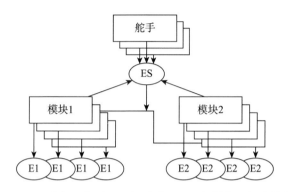

图4-2　信息异化型·进化型联系—平台媒体-智能媒体

四　平台媒体自组织系统模块化的表现

新闻还是那个新闻，没有什么变化。但是，生产模式与流程的确完全变了。就像盖楼，建筑技术已经十分成熟了，鸟巢可以盖，大裤衩也可以，集成就成——技术集成、系统集成。我不知道生产关系和生产方式有什么变化，一定有变化，一定要变化。但我觉得，各大技术平台，会依据自己的需要，集成媒体，在自己的带围墙的花园里，建各种大裤衩。

——杰罗姆

（访谈时间：2017年3月14日）

近年来，四大门户（新浪、网易、腾讯、搜狐）已经开始在变化了，大家可能会按照YouTube所做的MCN工作室的方式去做一些内部的调整。比如，网易已经把一些频道撤掉了，但形成了工作室制度。现在各个领域的跨界非常频繁，就会形成平台中的平台或大平台上的小平台，开始有自己独立的商业价值。自媒体发展过程中存在的几个问题，也会促使大的平台去尝试MCN工作室的方式，帮助他们触及C端用户以及实现商业化变现。MCN 工作室在未来新闻领域将会慢慢有所发展。

——腾讯房产总经理、腾讯大楚网总裁 余凯

（访谈时间：2017 年 3 月 18 日）①

如前所述，整合营销传播是支撑媒体平台架构的重要理论资源，在媒介集团化的实际运营中也的确取得了一定的成效。但互联网时代和移动互联网时代的相继到来，使得传播环境发生了颠覆性的改变，依托于整合营销传播的媒体平台过分强调规模和范围，而缺乏内外生态系统的平衡有序和良性循环，已逐渐呈现力不从心的市场窘境。整合法有其优点，可以尽可能快速完成单一目的，尤其是在平台构建初期。但长期来说，成功的平台必须采行模组化（modularity）②。

对于平台媒体而言，硬件设备的模块化已然成长为现在进行时。Google 先进技术项目计划（Advanced Technology and Project，ATAP）推出了名为 Ara 的模块化手机套餐。新创公司 The Module Project 的模块化音箱 Decibel 一经面世便登上了许多科技媒体的头条并受到诸多发烧友的热捧。但作为一个复杂适应性自组织系统，平台媒体模块化并不止于目前可见的硬件系统，模块化组织变迁将成为平台媒体未来演进的主要路径。

平台媒体自组织系统的模块化有多个构面：数据资源模块化、知识结构模块化、价值实现模块化、生产流程模块化等，不一而足。但按其表现可最终归结为两个维度的模块化——突破垂直层级的组织结构模块化和打破水平边界的业务职能模块化。

组织结构的模块化，挣脱了线性的科层制系统结构的束缚，所有参与者的权责均是平等而流动的，原有的最高领导中心被多个独

---

① 由笔者及研究团队根据访谈录音资料整理。

② 杰弗瑞·帕克、马歇尔·范艾尔史泰恩、桑吉·乔德利：《平台经济模式：从启动、获利到成长的全方位攻略》，李芳龄译，天下杂志股份有限公司，2016，第86页。

立团队的核心节点所取代，自上而下的命令和控制让位于自组织化的以产品、任务、目标或愿景为导向的价值吸附和自由离散。这种组织方式在确保集团一体化以及用户和数据等核心资源开放共享之余，赋予各个子系统一定程度的自主权，能够最大限度地激发各个模块的创造力并有效规避系统风险。目前包括 BAT 在内的多数互联网企业所采用的事业部制就是一种分权式的模块化组织结构。而正如马云在谈及阿里巴巴集团事业部制组织和文化变革时所指出的那样，在具体的实施过程中，利用平台媒体自组织系统模块化的规则体系确保"组织结构松而不散"将是组织结构模块化的核心要义。

每一个平台的下面是一个又一个更为基础的平台[①]。因应平台的模块化递归结构，平台媒体实际上也是由不同规模的平台媒体彼此嵌套着的。以腾讯为例，腾讯是一个典型的平台媒体，微信作为腾讯下属事业群之一，是其中一类重要的平台媒体参与者；微信公众平台自身也是一个平台媒体，各类服务号、订阅号和企业号都是其平台媒体参与者；其中，微信订阅号又是一个更有针对性的平台媒体，罗辑思维、刺猬公社、36 氪和 papi 酱等是为其供给内容的一类平台媒体参与者；更进一步，刺猬公社等从某种意义上来说也是通过话题征集的方式来向广大参与者进行一定程度的开放以寻求更加丰富的内容支持。

业务职能的模块化是建立在用户需求多样化和生产资料数据化的基础之上的，但其得以实现的先决条件却是知识结构的模块化和业务技能的模块化。2016 年，美通社发布了《亚太区记者工作状态与新闻采集习惯调查报告》，该报告罗列了新闻记者力求掌握的各项技能（图 4-3）。可以看出，新闻生产过程不再是传统意义上的线性流程，用户需求越来越细分、新闻来源越来越多样、传播渠道越来越多元、表现方式越来越丰富，以及越来越多的"产—消—创"参与者，都要求新闻记者跳脱原有的专业阈限而将自己的知识结构

---

① 王昢：《平台战争》，中国纺织出版社，2013，第 10 页。

和业务技能模块化，并因应具体情境而变化。2017 年，美通社的《2017 技术对媒体内容生产分发和企业新闻偏好的影响》白皮书更是就媒介从业者对于技术的认知和应用情况以及新媒体技术对媒体人的职业发展状态与工作习惯的影响等进行了更为细致的调查。上述研究报告及白皮书从媒介从业者的角度展示了在数字化新媒体技术发展趋势之下，媒体内容生产者们所受到的深远影响，也从另一个角度论证了平台媒体自组织系统运行中模块化架构的具体应用。

图 4 - 3 记者最希望获取的技能

资料来源：美通社：《亚太区记者工作状态与新闻采集习惯调查报告》，2016 年 11 月 8 日。

模块化作为一种能够产生强大创造力的可拓展组织架构，被认为是未来传媒组织灵活响应、敏捷多能、开放高效、协同聚合的应然性选择。就其发展态势来看，平台媒体的模块化已不局限于从硬件设备簇群向软件应用平台扩散，更为重要的是开始逐渐由内容管理范畴向内容生产领域渗透。YouTube 率先践行的 MCN（multi-channel networks）工作室模式，可谓是对于模块化内容生产的一种探索性尝试。通过为个人或原创团队的内容生产提供内容管理、公共支持、商业包装、营销推广、广告代理等"工具箱"式配套服务，并以"平台—MCN—UGC"业务分成（45%—16.5%—38.5%）的方式支撑其保持甚至提升生产力，最终形成了一个价值共创的链环。

　　未来，在平台媒体自组织系统模块化的实践中，还需要格外注意：模块化的界限与企业的界限并不一致。在资本和技术的共同作用下，模块化结构一边不断分化出跨边界的利基模块，一边持续聚合为无边界的产业集群。在这里，传统的企业内组织结构和企业间组织壁垒不复存在，取而代之的是彼此渗透、开放包容的平台化生态系统结构。

第三节　平台媒体自组织系统的试错机制

　　数字经济的核心支柱之一是速度。尽可能迅速地进行尝试、测试、改善，然后推向市场。这背后的逻辑是：通过新的样品、新的尝试和不断投入市场的新产品，尽快发现产品或商品模式的错误并及时更正[1]。可以看出，试错已不仅是一种产品开发流程，更是一种工作模式、管理哲学和创新智慧。谷歌联合创始人拉里·佩奇说过，"在探索人类科技边界这件事上，谷歌还没有遇到过对手"，其所推行的"极速背叛"创新方案和一系列工作坊项目，也正代表了平台媒体对于试错机制之精要"积极试错与敏捷改进"的有效运用。

---

[1]　托马斯·舒尔茨：《Google：未来之镜》，严孟然等译，当代中国出版社，2016，第 224 页。

一 试错理念及其价值

从灯泡的发明到青蒿素的发现，无数新事物的诞生过程，都证明了试错（trial-and-error）这一理念的产生与科学实验法密切相关。因此，在计算机科学、材料科学、工程科学、自动化控制系统等自然科学领域，试错被视为一种普遍认可的方法（method/approach）、行为（behavior）、应用（application）、策略（strategy）和程序（procedure）等。而在人文社会领域，其经典的价值判断式研究取向和经验情感化表达形式，直接导致了试错研究范式的长期被摒弃。

互联网技术的迅猛发展，带来了一个全新的动态环境。在充斥着高度复杂性和极度不确定性的动态环境中，原有的思维模式日渐迟滞，显露力有不逮之势。而随着科学－技术－社会研究（STS）的逐步深化，尤其是人工智能的应用级推广，试错（trial-and-error learning）开始作为一种学习演化逻辑被引入经济、管理、教育、司法改革和政府绩效优化等人文社科领域，并日益发展为一种颇具成效的创新机制和运行模式。

试错之所以备受关注的原因包括两个方面：其一，试错具有适应性效率，是组织应对复杂性和不确定性的现实选择。制度变迁理论创始人道格拉斯·诺思提出了"适应性效率"概念，认为，试错在应对不确定性的过程里，就能够实现长期增长趋势[①]。也就是说，试错是在不确定性前提下，基于有限理性而寻求适应性效率的一种经济体演进乃至社会演化的制度选择。其二，试错是创新的主要引擎之一，并代表了极具远见卓识的企业家智慧。熊彼特认为企业家的职能即为实现创新，而创新并不局限于其结果，创新过程本身就蕴含着对试错机制的正确认识——使"错误"成为一种有益于未来

---

① 转引自巫威威《"适应性效率"理论的研究与创新》，吉林大学博士学位论文，2008。

收益的投资，而不是成本①，以及恰当使用——在反复试错中不断纠偏，通过试错探索机会并激发创造力，最终实现持续创新。

得益于试错机制，越来越多的互联网企业开始采取迭代思维的方式进行产品创新。迭代意指在不断试错中循序渐进的完善，是一种学习型的动态创新模式。Facebook、微信、MIUI等互联网应用的成功之处就在于其对于微小可行性的大胆试错和敏捷改进。通过试错机制，互联网产品在持续自我完善的同时亦捕获了大量的活跃用户，这些高涉入度的用户以互动反馈的形式积极参与到产品的试错改进中来，一边成就着企业的市场占有率，一边免费贡献着自己的才智。

除此之外，恰到好处的试错还能带来意想不到的公关效果。类似于"版本9.9.7.112401"的更新提示，不仅仅是一连串迭代数字代码，更意味着企业正在努力践行的试错机制，向公众彰显了变革的魄力和创新的精神。支付宝在2016年11月26日推出灰度测试社交圈子功能之后，招致了巨大的非议和批评，蚂蚁金服董事长彭蕾为此专门发布了一则致歉声明。但最初的喧嚣过后，"我们必须努力不断完善自己，必须努力转型才能跟上形势"的试错精神还是得到了各方的认可和理解，并一致认为这是阿里在开放的方向上踏出的关键一步。据此，大胆试错及敏捷改进，不啻为一种积极有效的危机公关。

二　平台媒体自组织系统的试错机制构建

网络孕育着小的故障，以此来避免大故障的频繁发生②。任何试错都不可避免地会产生试错成本，但这种成本可以经由试错过程中不断尝试各种可能性所隐含的机会来代偿。腾讯将其视为由试错而产生的冗余度："并非所有的系统冗余都是浪费，不尝试失败就没有

---

① 谭小芳：《试错：企业与员工双赢的人性化管理法》，北京时代华文书局，2015，第25页。
② 凯文·凯利：《失控》，东西文库译，新星出版社，2010，第39页。

成功，不创造各种可能性就难以获得现实性。"① 平台媒体自组织系统的诸多特性，使其试错成本更低而机会代偿更多，从而更好地实现演化发展。

从这一意义来说，平台媒体的自组织演化是一种多层次非最优化的社会演化，其结果不是产生最优解，而是寻求最具适应性的形态，因此，在此过程中，误差与调适并进，试错成为必然的路径安排。

（一）平台媒体的规则体系与试错

如前所述，平台媒体自组织系统的规则体系由系统规则和个别规则两部分耦合而成。其中，系统规则是相对稳定的规则前提，而作为价值创造源泉的个别规则却是灵活多变的。

在平台媒体自组织系统中，大量的模块组件在个别规则驱动下可以自由结合和任意混搭，从而使低成本的创新试错机制成为可能，并逐渐成长为系统创新的引爆点。同时，灵活多变的个别规则以开放试错的形式创造了更多的可能性，能够更好地响应并满足对于产品及服务的多样性需求，也能更加有效地应对平台媒体发展过程中的各种不确定性风险。

从这一角度来看，为了实现个别规则的价值创造功能，平台媒体自组织系统的规则体系允许甚至鼓励试错，并以促进分散决策过程的制度结构，为试错机制创造了大量选择和创新的机会代偿。

（二）平台媒体的学习 DNA 与试错

从广义进化论的角度来看，学习本身就是一个反复试错的动态演化过程。经由不断试错，从积累到优化再到创新的良性循环体系得以启动，并最终朝向最具适应性的形态不断发展。古语有云，善败者不亡。在试错与纠偏的循环往复中，系统的自适应学习机能被激活，在增加系统免疫力的同时，寻求进一步的演化发展。

---

① 吴晓波：《腾讯传：1998 - 2016：中国互联网公司进化论》，浙江大学出版社，2017，第 316—320 页。

对输出的答案进行确认，每当发生错误时就调整权重，反复进行这种操作，从而提高识别精确度，这种学习方法里面最有代表性的叫作"误差反向传播"（back propagation）①。人工智能浪潮下的机器学习和深度学习，正是将试错机制作为生长点和参照系来进行问题求解，从而不断提高性能的成功应用范例。有鉴于此，平台媒体自组织系统在其学习 DNA 的作用之下，也将试错作为一种学习演化逻辑，并由此衍化出了允许试错、自主创生、持续迭代等运作机制。

值得注意的是，尽管试错的目的是探索适应性，但其结果并不是唯一的，在试错的过程中所隐含的创新的可能性反而是试错的真正价值所在。对于平台媒体自组织系统而言，试错意味着其具有自适应学习能力，能够通过平台媒体参与者自发的尝试与灵活的纠偏，不断探索新的平台边界并产生持续迭代的新产品或新服务。与此同时，在平台媒体自组织系统之上，试错所引发的学习效应并不局限于模块内部，而是经由社会关系网络不断扩散，形成相互学习的加成效果。有鉴于此，平台媒体自组织系统的子模块内部以及各模块之间的协同关系、组合方式及其运行模式也在持续不断的试错历练中，得以优化升级。

（三）平台媒体的技术赋能与试错

试错作为一项方法论的使用范围一直被局限于自然科学领域，技术的发展极大地拓展了其适用范围，这是因为，越来越多的新技术使得试错的成本越来越低而速率越来越快。毫不夸张地说，试错机制的效用在互联网时代得以倍增。基于此，平台媒体自组织系统的技术赋能规律同样役使着试错逻辑的效用发挥。

随着技术发展，试错所必需的工具手段和人员能力均得到了持续的改进，在扩张了选择空间的同时亦提升了其获得成功的概率。更为重要的是，技术带来了可再生的新型数据生产资料，极大地丰

---

① 松尾丰：《人工智能狂潮：机器人会超越人类吗?》，赵函宏等译，机械工业出版社，2016，第 97 页。

富了试错机制的适用领域并有效降低了其应用成本。除此之外，技术赋予试错机制以更多的选择机会，在自主试错的过程中不断激发着创新的可能性。

综上所述，平台媒体自组织系统为试错机制的产生及运行提供了制度保证、运行动力和技术支撑，因此，在平台媒体的演化过程中，试错是其重要的自组织演进逻辑之一。

三　平台媒体自组织系统试错机制的终极目标——积极试错与敏捷改进

一直以来，试错机制备受争议的地方在于其是否具有盲目性，特别是在尝试各种可能性的过程中所采用的随机筛选策略，是否大大降低了试错的成功概率。因此，试错被认为仅适用于问题较为明晰、变量相对可控、范围比较有限的领域，如自然科学领域，而在充斥着不确定性和复杂性的人文社会情境下，则受限于其盲目性而不被认可和接受。

实则不然。不同于单纯的错误行为，真正意义上的试错机制恰恰具有十分鲜明的目的性。西方著名科学哲学家、进化认识论的奠基人卡尔·波普尔认为，知识增长的过程，即通过试错法而解决问题的过程[①]，而这一过程中的"自然选择"可以被解释为通过排错来控制突变的一种方式[②]，即为"试错法本质上就是一种除错法"[③]的著名论断。

波普尔进而提出科学发现的逻辑在于使用演绎检验法来实现科学知识的增长，即"尝试—检验"的试错控制范式，以公式来表示即为"P_1—TT—EE—P_2"（式 4.1）。其中，"TT"指尝试性理论，

---

① 转引自任晓明、王左立《评波普尔的进化认识论思想》，《科学技术与辩证法》2002 年第 6 期。

② 卡尔·波普尔：《客观知识——一个进化论的研究》，舒炜光等译，上海译文出版社，1987，第 273 页。

③ 卡尔·波普尔：《猜想与反驳》，傅季重等译，上海译文出版社，1987，第 447 页。

"EE"指排除错误，因此，这一范式又被概括为"大胆尝试，严格检验"。从这一理论视角来看，试错不仅不是盲目性的，反而是一种集问题意识、创造思维和学习进化于一体的科学方法论。

在平台媒体自组织系统中，各个子系统仍然以鼓励试错的方式逐一探索着各种可能性背后所隐藏的机会代偿，但在总控程序和系统规则的影响下，参与者可以有条理地操控各个变因以筛选出成功概率更高的可能性。而计算机尤其是人工智能技术的发展，极大地提升了试错过程到达临界饱和度的速率，较低成本和快速迭代使之更加简易科学。

发展至今，试错已成为一种解决问题尤其是复杂系统问题的方法论。更有甚者，试错机制的确立和试错策略的实施，其本身就是一项有意义的创新活动。基于此，试错过程中对于各种可能性的大胆猜想和勇敢尝试，持续驱动着平台资源配置的自由流动，是通过试错机制保持组织活力的关键所在，更是平台媒体实现创新的价值源泉。

与此同时，在技术的作用之下，波普尔"尝试—检验"范式所提倡的"大胆尝试，严格检验"亦发生了重大的理论迁移，以公式来表示即为"ξ_t（P_1—AI—$P_{2\cdots n}$）"（式4.2）。其中，"ξ"指代的是自组织系统中的序参量，在此即为平台媒体自组织技术序参量"ξ_t"，而"AI"则指的是敏捷改进（Agile Improvement）。可以看出，在技术序参量及技术赋能役使规律的作用下，试错的适应性效率和创新的可能性均得到了极大的提升，在试错成本的机会代偿之外——从P_2到$P_{2,\cdots,n}$，更增加了速率代偿这一新的变因——从TT—EE到AI。在平台媒体复杂适应性自组织系统中，用户需求、市场环境、生产资源等瞬息万变，对于新产品和新服务不再要求"严格检验"，而是追求"敏捷改进"，亦即，尽管每一次试错都力图趋近完美，但任何一次试错都是在不断完善，而技术使得这一切成为现实。于是，"积极试错，敏捷改进"成为平台媒体自组织系统试错机制的理论依据和终极目标。

$$P_1—TT—EE—P_2 \qquad (4.1)$$

$$\xi_t\left(P_1-AI-P_{2,\cdots,n}\right) \tag{4.2}$$

需要注意的是，上述这一切的实现，都要求与之相匹配的"试错文化"情境。腾讯首席执行官马化腾在论及"灰度法则"时，提出："创新的灰度，首先就是要为了实现单点突破允许不完美，但要快速向完美逼近。"[①] 对于平台媒体自组织系统而言，其试错机制的构建不仅要供给所有参与者以试错的机会和技术，更要从企业管理和组织文化的角度，倡导并培育开放、包容、信任的试错文化，赋予试错机制以更大的代偿弹性和更广的创新空间。

第四节　平台媒体自组织系统的商业模式

平台商业模式是平台经济学的重要应用成果之一，也是平台理论框架中不可或缺的一个组成部分。平台式商业模式将平台视为核心资源，参与者在平台关系链和价值网中相互依存，其价值主张的实现及价值收益的获得都是基于平台进化。与之相呼应，平台媒体商业模式是平台商业模式在传媒领域中的具体实施，其平台化商业模式进化的目标在于借由引入平台逻辑范式以期获取更多价值创造契机和多边协同效能。

尽管媒体平台与平台媒体或多或少采用了平台商业模式架构，但彼此之间在价值体系之上仍存在较为明显的区别。平台媒体的内外部构成要素在价值创造上遵循的是价值网络的组织模式，而媒体平台虽然也具有一定的双边性特征，但是其价值生产的内外部生产方式由价值链模式主导。因此，从商业模式视角来看，二者在价值创造、价值传递及价值获取等基本价值逻辑方面有着显著的差异。

[①] 吴晓波：《腾讯传：1998—2016：中国互联网公司进化论》，浙江大学出版社，2017，第316—320页。

一 平台媒体商业模式的内涵

商业模式本身是一个复杂性概念。在商业模式的诸多释义中，对于价值的观照是其理论重心和最终取向——商业模式描述了企业如何创造价值、传递价值和获取价值的基本原理[①]。有鉴于此，数字化时代的商业模式就是技术开发和价值创造之间的协调和转换机制，亦即数字化技术之于价值共创的转化器。平台是一种新的商业模式，用技术把人、组织和资源连结起来，形成能创造与交流庞大价值的互动生态网络[②]。平台崛起致使诸多产业发生了结构性的变化，其中最为显著的莫过于对于传统商业版图的颠覆，可以毫不夸张地说，掌握平台就意味着拥有运转整个商业生态系统的力量[③]。平台对于商业结构的改变，不仅表现为平台以市场聚集（market aggregation）的方式服务广大分散的个人和组织，还表现为平台透过社群化中介的形式让参与者以前所未有的力量与效率联结，更为重要的是，平台对于价值的重构——平台重组价值创造流程，增加新供给；平台重组价值的消费形塑，新消费行为；平台透过社群驱动的策展，重组品管流程[④]——平台商业模式应运而生。

平台的呈现方式和运行机制高度多样化，但其商业模式之下的业务布局却又是不谋而合的——它们的存在全都是为了媒合并促进生产者和消费者的互动，不论交易的产品是什么[⑤]。由此可以推导出

[①] 亚历山大·奥斯特瓦德、伊夫·皮尼厄：《商业模式新生代》，黄涛等译，机械工业出版社，2016，第4页。

[②] 杰弗瑞·帕克、马歇尔·范艾尔史泰恩、桑吉·乔德利：《平台经济模式：从启动、获利到成长的全方位攻略》，李芳龄译，天下杂志股份有限公司，2016，第23页。

[③] 赵镛浩：《平台战争：移动互联时代企业的终极PK》，吴苏梦译，北京大学出版社，2012，第7页。

[④] 杰弗瑞·帕克、马歇尔·范艾尔史泰恩、桑吉·乔德利：《平台经济模式：从启动、获利到成长的全方位攻略》，李芳龄译，天下杂志股份有限公司，2016，第99—102页。

[⑤] 杰弗瑞·帕克、马歇尔·范艾尔史泰恩、桑吉·乔德利：《平台经济模式：从启动、获利到成长的全方位攻略》，李芳龄译，天下杂志股份有限公司，2016，第35页。

平台商业模式的基本特征：平台商业模式指连接两个（或更多）特定群体，为他们提供互动机制，满足所有群体的需求，并巧妙地从中盈利的商业模式①。平台媒体商业模式也不例外。随着云大智物移等数字化信息技术的商用化普及，媒介组织形态及传媒产业结构逐渐由媒体平台向平台媒体过渡，平台媒体商业模式成为基于平台价值范式而对新的数字化技术及其多维连接关系的一种商业化诠释。

在商业模式价值体系中，包括三个价值逻辑板块——价值创造、价值传递及价值获取。首先，价值产生于价值创造，客户细分、价值单元和合作伙伴影响着价值生产；其次，价值以价值传递和价值获取的方式形成价值流，分别对应价值交付、客户关系、核心资源和关键业务以及收入来源和成本结构等价值构造块。平台媒体商业模式亦然。对于平台媒体商业模式之内涵的理解，也必须由其内在的价值逻辑来完成，即平台媒体价值主张的产生、传递和获取。平台媒体作为一个开放式的复杂适应性自组织系统，与环境之间的物质、能力、信息的交流是其得以存在的基本前提，这种交流不仅表现为物理形态的信息流、数据流、资金流、技术流、物质流、能量流的输入与输出，还表现为精神质态的平台媒体价值的输入和输出，亦即在生成价值主张的前提之下，价值传递的推进和价值获取的实现。

平台媒体商业模式价值主张是其商业模式的基本逻辑起点，从外部视角来看，价值主张即为平台媒体自身的价值定位，也就是它致力于为参与者提供怎样的价值内容。只有秉持卓越的价值主张，平台媒体才能够在媒介演化过程中完成其承接媒体平台与孕育智能媒体的价值使命。平台媒体商业模式的价值传递与价值获取是彼此相互关联的两个重要逻辑支点：价值传递指的是平台媒体在价值流动过程中对于外部社会经济系统的价值输出，是平台媒体颠覆性重构功能的实现前提；价值获取则是将平台媒体作为一种经济性组织

---

① 陈威如、余卓轩：《平台战略——正在席卷全球的商业模式革命》，中信出版社，2013，第7页。

而寻求如何输入剩余价值，是平台媒体存续和发展的重要基础。只有高质量的价值传递才能够实现高水平的价值获取，同理，只有高水平的价值获取才能够支持高质量的价值传递，因此，二者之间是相辅相成、互为前提的关系。

二　平台媒体商业模式的价值主张

平台媒体商业模式的价值主张是指其所秉持的价值诉求和所提供的价值内容。与商业模式可以通过商业模式画布①模型呈现一样，平台商业模式也具有特定的结构化特征，其价值主张也可以借由客户细分、价值单元和合作伙伴予以解析。

第一，谁是平台媒体的客户？客户是商业模式的核心，对于平台媒体商业模式而言，客户即为平台媒体复杂适应性自组织系统的参与者。平台媒体作为一种中介性组织，最典型的特征就是参与者的多样性。首先，参与者的多样性体现在平台媒体参与者的多元化来源。尽管传统媒体乃至媒体平台也具有平台性质，但其双边市场用户无外乎是广告主和受众。而平台媒体并不纠结于用户规模的大小，其开放性使得平台媒体参与者更加广泛且多元，不仅仅含有广告主和受众，还包括技术的提供者、内容的制作者以及其他现有或潜在的合作伙伴。喜马拉雅是一个典型的多元参与者平台：一方面，它在服务于在线电子音频听众的同时，还能够满足广告商定向广告投放的需求；另一方面，它吸纳有自制音频兴趣及能力的职业主播或业余主播，并为其他媒体内容提供开放的播放渠道；除此之外，喜马拉雅还是一个从音频延伸而来的电商平台和众筹平台，能够为音频爱好者提供专业培训，以及为消费者提供周边智能硬件。其次，参与者的多样性还表现为平台媒体参与者身份的自由切换。平台媒体参与者的来源是多元化的，这使得他们在不同的价值生产过程

---

① 亚历山大·奥斯特瓦德、伊夫·皮尼厄：《商业模式新生代》，黄涛等译，机械工业出版社，2016，第4—5页。

中扮演着不尽相同的身份和角色，而角色期待又决定着商业模式。不同于传统媒体价值链之上广告主、媒介、受众之间已然固化的关系，平台媒体价值网平台之中，传播者与受众以及生产者与消费者不再是非此即彼式的区别，而是可以在诸多身份和角色中自由切换的多任务执行者。这种转换是因为平台媒体之上的价值生产不是机械的链式传递，取而代之的是网络化的价值共创。

第二，平台媒体的价值内容是什么？所谓价值内容就是平台媒体能够为其多元参与者解决问题并使之从中受益的价值单元及其集合。平台创造超额价值（excess value）（图4-4）。与其模块化组织结构相对应，平台媒体价值生产具有多向性的特征，其价值内容也由传统媒体平台的内容和注意力而逐渐衍生出诸如社交、金融、体验等多元化价值单元。提供何种价值内容取决于平台媒体的价值定位，因应多元化参与者的价值诉求，其价值单元亦呈现多样化的态势。喜马拉雅作为一个音频类平台媒体，能够为广大受众提供优质而丰富的音频内容，从而满足娱乐、休闲、资讯和学习等需求；也能够帮助广告商进行广告内容植入和讯息定向推送，帮助其实现战略营销传播目标。它不仅允许向业余主播提供一个简便易行的内容产制工具和信息发布渠道，以满足他们自我展示的诉求；它还可以给职业主播提供一个专业发展及素质提升平台，帮助他们进行业务培训、节目选择、宣传推广、包装发布、跨界合作等职业辅助。此外，该平台媒体还为广播爱好者提供交流机会、为消费者提供电商及周边服务、为创意研发者提供众筹平台……。

第三，平台媒体合作伙伴的作用几何？合作伙伴是平台媒体的价值生产与价值交付的协作方。平台媒体是一个复杂适应性自组织生态系统，具有多元化的价值创造方式，平台方只是其中起着核心枢纽作用的价值模块之一，其价值生产和价值交付都必须与该价值网络中其他参与者价值模块相结合来协同完成。与合作伙伴之间战略合作关系的建立，不仅仅是为了追求成本降低、资源获取和风险共担，更为重要的是所有平台媒体参与者以合作伙伴的方式实现价

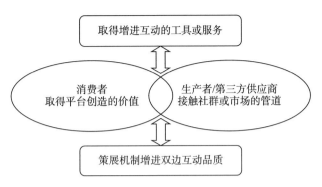

图 4 – 4　平台创造的价值

资料来源：杰弗瑞·帕克、马歇尔·范艾尔史泰恩、桑吉·乔德利：《平台经济模式：从启动、获利到成长的全方位攻略》，李芳龄译，天下杂志股份有限公司，2016，第 151—155 页。

值共创和共同治理。

综上所述，从商业模式结构中的客户板块、价值内容板块以及合作伙伴板块进行系统分析之后，可以推导出平台媒体复杂适应性自组织系统的价值主张：赋能—共创—共享—共同治理。

三　平台媒体商业模式的价值传递

平台媒体商业模式的价值传递即为其对外的价值传达，换句话说，就是平台媒体如何输出其价值主张。按照商业模式画布模型，对于价值传递的理解，可以从价值交付、客户关系、核心资源和关键业务等方面进行考量。

第一，平台媒体以何种方式实现价值交付？平台媒体的价值交付，简单理解就是通过什么样的渠道把价值主张传递给平台媒体参与者。在数字化技术赋能的役使规律作用下，平台媒体的价值交付呈现虚拟触点和现实触点交互嵌套的特征，并可以因应参与者需求的变化而进行多元化的选择。虚拟形态的参与者触点是指平台媒体价值单元可以通过数字化虚拟渠道予以交付，而现实形态的参与者触点即为平台媒体价值单元亦可以经由真实场景完成交付，对于参与者体验而言，此二者尽管大相径庭，但在实际运行过程中往往是杂糅为一体的——VR、AR 和 MR 技术的出现及推广，是其典型代表。

第二，平台媒体具有怎样的客户关系？好的平台媒体商业模式是将客户参与者化。客户是指具有价值交割关系的购买方，而参与者是指平台媒体持续提供价值服务乃至与其共同进行价值创造的合作伙伴。对于平台媒体而言，参与者不只是其媒介内容的消费者，而是集生产者、消费者和创造者于一身的多任务执行者和价值共创者。从客户到参与者的进化，不仅要求平台媒体以技术为序量对参与者进行持续赋能，更为重要的是，还应与之形成结构松散但联系紧密的伙伴关系，在向诸多参与者进行价值传递的同时，激发其价值创造的动能，从而实现平台媒体价值共创、利益共享和共同治理的价值主张。

第三，平台媒体的关键资源及关键业务何在？关键资源和关键业务指的是媒体在实施价值交付时所应具备的核心资源及核心经营活动，二者共同构成了传媒产业演变的二维矩阵[①]。数字化新媒体技术的持续创新与扩散应用，正在彻底改变着传媒产业的核心经营活动和核心资产：一方面，平台取代内容而成为传媒产业的核心资产；另一方面，平台运营取代内容发布而成为传媒产业的核心经营活动，因此，在技术要素的驱动之下，我国传媒产业正在经历着激进性的产业变革，平台媒体应运而生。与传统媒体平台以内容生产为中心不同，平台媒体的价值生产主要基于其作为中介性组织的联结功能，从这一意义上来说，平台媒体最核心的资源是平台本身。在平台媒体价值网络中，平台是占据核心位置的价值中枢，这一价值传递枢纽一旦形成，就意味着该价值网络中的个体价值生产和价值模块交换必须通过媒体平台而实现。与之相对应，不同于传统媒体平台以内容发布作为其核心经营活动，平台媒体的核心经营活动是平台运

---

① 安妮塔·M. 麦加恩：《产业演变与企业战略》，孙选中等译，商务印书馆，2006，第76页。

营，主要包括平台媒体价值定位的确立、平台媒体模块化结构的构筑、平台媒体系统规则与个别规则的制定、平台媒体网络界面的设计、平台媒体试错机制的建立以及平台媒体治理模式的构建，等等。

四　平台媒体商业模式的价值获取

平台媒体商业模式的价值获取亦即其对内的价值实现，也就是平台媒体经由价值传递而反向捕获的价值收益或价值代偿。参照商业模式画布模型，平台媒体商业模式的价值获取包括两个重要的内容：成本结构与收入来源。要想实现价值获取，平台媒体必须从这两个方面入手来设计独特的价值获取方式。

首先，平台媒体的成本结构是什么？从其表面现象来看，平台媒体的成本结构即为平台媒体在进行价值创造和价值传递的过程中所必须投入的成本，但究其本质，平台媒体的成本结构所要解决的根本性问题是成本驱动还是价值驱动的路径选择命题。不同的平台模式意味着不同的成本构成，侧重于内容产制与发布的平台媒体，成本结构倾向于内容购买和制作；侧重于提供综合服务的平台媒体，资金投入多流向平台维护和营销推广；侧重于技术支持和数据供给的平台媒体，则投入大量资本用以技术更新和数据收集，等等。然而无论是何种质态的平台媒体，其成本结构的最终趋向并未停留在努力降低成本以获取更多剩余价值，而是立足于与参与者共同进行价值创造并以超循环的方式最终实现价值增值。

其次，平台媒体的收入来源有哪些？收入来源即为平台媒体的盈利方式，平台媒体的双边乃至多边市场结构决定了收入来源的多元化。与传统媒体单一的"二次贩售"盈利模式有所不同，平台媒体多元化的参与者和价值单元以及多样化的价值交付和核心经营活动决定了其收入来源的泛域化。更有甚者，平台媒体在技术和内容的双轮驱动之下，为收入来源的挖掘创造了无限的可能性。技术让组织不仅能在本地，而且能在全球范围内轻松无障碍的共享和扩张资产，由此产生的技术—经济贡献已被广泛证明，毋庸赘言。平台商业模式实现价值获取的另一个重要途径是对内容价值的重估。一方面，经由搭载海量用户生产内容（UGC，User-Generated Content）而增加收入，这也成就了媒体的社交化发展趋势；另一方面，通过内容管理系统的开发来授权内容分发和实施流量变现。贝索斯收购《华盛顿邮报》后倾力打造的 Arc-publishing 平台，不仅为《华盛顿邮报》自身提供技术支持，还通过出售相应的技术服务而成为其商业获利的重要来源之一。与之相类似，《人民日报》的"中央厨房"战略也是一种有益的基于平台媒体的 SaaS（Software-as-a-Service）变现尝试。

尤其值得注意的是，无论是价值主张的输出还是价值获取的输入，平台媒体复杂适应性自组织系统之商业模式的最终指向无疑是以价值共创的方式实现价值增值。平台媒体商业模式创新也将由协同之中产生，协作生产、协作消费和协作创新将成为新的商业模式蓝海，拥有未来的关键之处就是不再拥有①，而是共同创造。

---

① 萨利姆·伊斯梅尔、迈克尔·马隆、尤里·范吉斯特：《指数型组织：打造独角兽公司的 11 个最强属性》，苏健译，浙江人民出版社，2015，第 8 页。

第五章　平台媒体自组织系统的优化取向

平台的目的并非只是增加使用者与互动数量，也必须鼓励优质的互动，遏止劣质的互动①。故此，平台媒体自组织演化的实现是经由平台媒体自组织构建与平台媒体自组织优化两个并行不悖的步骤而完成的。更进一步而言，平台媒体自组织系统的构建与优化，不是一种静态性质，而是一种诸关系和关联一再经受检验，增强和消失的过程②。从这一系统动态演化视角来看，有必要由顶层设计的视角出发对其进行合理规范。

与此同时，考虑到平台媒体复杂适应性系统的自组织特质，这种顶层规划应提出目标或方向但不过问细节，从而为系统自组织演化留下余地。有鉴于此，实施平台媒体共同治理、构建平台媒体生态系统以及赋予平台媒体文化价值内涵是平台媒体复杂适应性自组织系统优化取向的关键切入点。

第一节　实施平台媒体共同治理

一　平台媒体自组织演化与平台媒体治理的二律背反

在平台媒体自组织系统的构建与优化过程中，一个不容回避的重大命题即平台媒体的治理问题。围绕这一命题，产生了关于平台

---

① 杰弗瑞·帕克、马歇尔·范艾尔史泰恩、桑吉·乔德利：《平台经济模式：从启动、获利到成长的全方位攻略》，李芳龄译，天下杂志股份有限公司，2016，第158页。

② H. 哈肯：《信息与自组织》，郭治安译，四川教育出版社，2010，第42页。

媒体自组织系统的运行及演化是否需要以及是否存在平台媒体治理的争论。从表象来看，平台媒体自组织演化与平台媒体治理二者之间本身就是一对相互矛盾的悖论，但深入其机理，这一对看似矛盾的事物之间的差异则源于实验条件下的自组织与真实语境中的自组织之间的认知偏差。

从纯粹的自然科学理论视角出发，自组织是一个无须外界特定指令而能自行组织、自行创生、自行演化①，从而自发出现或自主形成有序结构的过程，在此过程中不存在任何的他组织或被组织的可能性。但是，在将自组织理论应用于社会科学领域之时，由于社会系统的复杂性特质，使之不断遭遇层出不穷的影响变量的干扰。因此，复杂社会系统中的自组织行为实际上是一个不断动态调整的持续优化过程，往往表现为一个由他组织向自组织进化的历程——从最初以他组织作为结构方式的起点，到后继过程中的自组织和他组织交替出现直至协调并存，再到渐趋成熟的自组织逐步取代他组织而占据主导地位。

媒介形态变迁的初始样貌也是基于他组织，但在具体发展过程中，则以自组织逻辑逐步进行动态调节并使得整个系统日渐趋向于自组织形态。从媒体平台向平台媒体乃至智慧媒体的演化就是一个由他组织到自组织的进化历程。平台媒体由最初的他组织系统——媒体平台作为起点，遵循自组织规律而进行系统调节和架构改造，在运行过程中，历经局部他组织/整体他组织、局部他组织/整体自组织、局部自组织/整体自组织的逐级过渡，最终朝向更高层级的自组织系统——智慧媒体而进发。

正如复杂的适应性系统（Complex Adaptive Systems，CAS）同样强调自适应控制，要实现平台媒体自组织构建与优化，首先必须校正对于平台媒体自组织演化及平台媒体治理的认知偏差，在充分肯定自组织作为一种方法论意义的同时，正确认识适宜的治理对于平

---

① 吴彤：《自组织方法论研究》，清华大学出版社，2001，第3页。

台媒体自组织系统优化发展的作用和价值，从而真正构建一个"无为而无不为"的自组织治理结构。

二　平台媒体治理的必要性及其原则

（一）平台媒体治理的必然

众所周知，演化着的社会系统在遭遇内外部冲击之时，将会产生一定程度的易损性，为了尽可能地汲取平台媒体演化的收益并尽量避免其负面效应和潜在危险，平台媒体的治理问题被提上日程。无独有偶，"平"，在古代汉语中本身就含有"治理"及"治理有序"之意，将其代入"平台媒体"架构，更是彰显了平台语境之下传媒领域"治理"的合法性。除此之外，还必须要明确的是"治理≠控制"，治理往往被视为一种提升价值并促进成长的制度选择。良好治理的目的是创造财富，并且将创造的价值公平分配给所有创造者[①]。平台媒体治理，正是通过规范谁能参与平台生态系、如何分配价值以及如何解决纷争等一系列准则，以期获取价值创造和分配效能。从这一意义上来说，平台媒体治理不仅合理，而且必要。

就平台规模、治理情境和治理工具三个维度予以审视，平台媒体治理的必要性主要体现在以下三个方面：其一，源自多边平台系统利益分配和价值创造的动因；其二，出于平台媒体自组织系统演化现实状况的要求；其三，平台媒体技术序参量自组织赋能役使规律使然。

首先，平台就是王国，治理是影响国家创造财富能力的重要因素，也是制约平台利益分配和价值创造的决定性力量。目前最大的平台企业其实就跟国家一样：Facebook 有超过 15 亿用户，"人口数"比中国还多；Google 处理全美网络 2/3 的搜寻、欧洲搜寻总量的

---

① 杰弗瑞·帕克、马歇尔·范艾尔史泰恩、桑吉·乔德利：《平台经济模式：从启动、获利到成长的全方位攻略》，李芳龄译，天下杂志股份有限公司，2016，第211页。

90％；阿里巴巴1年交易额超过1兆元人民币，相当于中国出口总额的七成①。如此体量的平台媒体其内生的复杂度和对外的影响力均不亚于一个国家，就像治理之道对于国家的重要性一样，平台媒体治理之于平台媒体自组织系统的运行及演化，亦具有不容忽视的必要性。

其次，平台媒体的治理情境是自组织治理，也就是所谓的自我治理。然而需要注意的是，自组织不等于"无政府主义"，虽然在自组织系统中不存在固定的中心，也没有明确的层级，但分权并不意味着放纵，目标任务、合作契约、互惠共利等隐性治理准则驱使着平台媒体参与者的集结与离散。与此同时，复杂社会系统中的自组织形态不是一蹴而就的，在形成自组织结构的程序中，允许甚至鼓励一定程度的自适控制。更有甚者，从某种程度上来说，自组织本身就是一种治理方式。有鉴于此，在平台媒体自组织系统的演化过程中，平台媒体治理应运而生。

再次，平台媒体之所以勃兴的触发点是新技术，对于平台媒体自组织系统来说，技术不仅作为核心序参量而生成了协调其演化发展进程的技术赋能役使规律，技术的工具属性与技术所隐含的文化特质之间的"技术—文化"耦合也作为技术赋能役使规律的另一相面而为平台媒体治理提供着逻辑自洽。美国著名的技术史家马尔文·克兰兹伯格提出了其代表性论断，"技术既无好坏，亦非中立"，但在技术的应用过程中，技术与制度以及个体认知之间的共同演化，以及技术与经济、社会和文化之间的交互影响，使其正价值和负价值共存于一体，亦即有光的地方必有阴影。在此情况之下，技术作为核心序参量是一种工具变量，同时也有必要规制这一工具变量在一定的社会系统中的运行轨迹。平台媒体治理正是将技术存在和社会存在有机地结合在了一起，从而实现相互建构与共同演进。

① 杰弗瑞·帕克、马歇尔·范艾尔史泰恩、桑吉·乔德利：《平台经济模式：从启动、获利到成长的全方位攻略》，李芳龄译，天下杂志股份有限公司，2016，第211页。

（二）平台媒体治理原则——内部透明和全员参与

作为一个新生事物，平台媒体治理尚无先例可循，但作为一个基于平台战略而形成的自组织在线社会信息传播系统，其平台属性和自组织特质为平台媒体治理提供了充分的养料。

学者们普遍认为平台治理准则必须特别注意外部性，这是因为平台用户产生的外溢效应也是平台的价值来源。了解这点，将使平台的企业治理从狭窄聚焦于股东价值转为更宏观的利益相关人价值[①]。宪法学者雷席格提出了一个更为宏观的平台治理洞察，他在1999年出版的《网络规范与其他法律》一书中指出，控管制度涉及四类工具：法律、规范、架构及市场[②]。其中，法律和市场作为管控的一般手段当然也可应用于平台组织，但更具平台适应性的治理工具无疑是规范和架构。规范不是管理者或平台所有者单方面的意志体现，而是由平台用户与之合力而共同形塑的治理制度，是平台社群规范。架构则强调通过开放式的治理模式促使系统能自动改进：鼓励、奖励好行为，然后产生更多良好行为[③]。可以看出，主流的平台治理理念非常强调所有平台成员的公平参与对于价值创造的作用，其治理路径不是"管理者—使用者"而是"所有人—所有人"。无独有偶，平台媒体的治理也绝不是针对某一个或某一类参与者的管控，而更应该是惠及平台媒体生态系中所有参与者的一种制度安排。

与自组织系统"无为而无不为"的治理理念相呼应，平台治理机制必须能够自我疗愈、促进进化，高明的治理使用"为自我设计

---

① 杰弗瑞·帕克、马歇尔·范艾尔史泰恩、桑吉·乔德利：《平台经济模式：从启动、获利到成长的全方位攻略》，李芳龄译，天下杂志股份有限公司，2016，第218页。

② 杰弗瑞·帕克、马歇尔·范艾尔史泰恩、桑吉·乔德利：《平台经济模式：从启动、获利到成长的全方位攻略》，李芳龄译，天下杂志股份有限公司，2016，第218—219页。

③ 杰弗瑞·帕克、马歇尔·范艾尔史泰恩、桑吉·乔德利：《平台经济模式：从启动、获利到成长的全方位攻略》，李芳龄译，天下杂志股份有限公司，2016，第225页。

而设计"（design-for-self-design）来达成效率，亦即鼓励组织中的人员持续不断的沟通、无束缚的通力合作、大胆的实验[1]。由此可以看出，自组织治理非但不是让平台随心所欲地治理，恰恰与之相反，自组织系统追求的是在自我治理的过程中建立自适控制的长效机制。如若将这一思路映射到平台媒体的治理当中，则可以推断出平台媒体自组织系统治理的关键就在于有机协调自主治理与资源共享、信息交换、价值创造、利益分配、风险规避和创新驱动之间的关系。

在此基础之上，可以进而推导出平台媒体自组织系统实施平台自我治理的基本原则——内部透明和全员参与是其必须坚守的两大原则。

平台自我治理首要原则是内部透明[2]。内部透明就是要遏止组织的自我封闭之倾向，促进平台组织内部成员之间以及其与外部伙伴之间的沟通和共享，从而激活平台机能并获得平台成长。实现内部透明的基本前提是开放，即打破平台组织的内部壁垒和外部樊篱——在努力跨越平台媒体团队内部和部门之间的垂直边界及水平边界的同时，积极穿越平台媒体与外部利益相关者之间的外部边界。与之相对应，平台媒体治理的内部透明原则源于其开放 DNA，强调以开放的姿态消解专业控制与公众参与之间的区隔，亦即推行和谐共享以及多边协商的无边界组织治理理念。

平台自我治理的第二大原则是参与[3]，更准确地说是全员参与。也就是说，平台治理的主体不仅涵盖平台内部的所有成员，还应包括平台外部的众多利益相关者。在这种情况下，一般意义上的平台管理者和平台所有者的主导作用被逐渐弱化，直至成为与平台用户、

---

[1] 杰弗瑞·帕克、马歇尔·范艾尔史泰恩、桑吉·乔德利：《平台经济模式：从启动、获利到成长的全方位攻略》，李芳龄译，天下杂志股份有限公司，2016，第 239 页。

[2] 杰弗瑞·帕克、马歇尔·范艾尔史泰恩、桑吉·乔德利：《平台经济模式：从启动、获利到成长的全方位攻略》，李芳龄译，天下杂志股份有限公司，2016，第 233 页。

[3] 杰弗瑞·帕克、马歇尔·范艾尔史泰恩、桑吉·乔德利：《平台经济模式：从启动、获利到成长的全方位攻略》，李芳龄译，天下杂志股份有限公司，2016，第 235 页。

合作伙伴等其他利益相关者关系对等的平台参与者。与之相类似，平台媒体治理必须直面的首要问题也是控制逻辑的转移，平台媒体的共生 DNA 决定了其全员参与治理原则的应然性，而经由全员参与，平台媒体治理方能实现参与分享、协同激励和价值共创。

三　平台媒体治理结构——共同治理

(一) 共同治理及其要义

如何实现平台媒体自组织系统的自我治理？共同治理不啻为一种有益的路径选择。共同治理，又被称为参与式治理、众包式治理、开放式治理或学习式治理，其实质为多元协同治理，即由多方利益相关者出于共同的发展愿景，以同权合作的方式，经由持续博弈的过程而形成一个彼此激励又相互制衡的动态治理结构。时至今日，共同治理从最初的对于企业所有权的制度安排，逐渐发展成为一种将组织内部治理和外部治理有机结合以期实现共同缔造目标的治理文化。毋庸讳言，共同治理已经由一种经济管理治理思路进化为一个更具普适性的社会治理模式，亦同样适切于平台媒体自组织系统的自我治理。

关于共同治理，有一个被学者们广泛认可的共识，即为：共同治理模式的出现与利益相关者概念的提出密不可分，毫不夸张地说，共同治理是一个由利益相关者概念推导而出的治理理论。无论是企业、高校、协会、社团等组织实体，还是项目运营、环境治理、社区发展等行为过程，只要涉及利益相关者，就存在共同治理的可能性。在上述各个领域中，共同治理模式均得到了广泛应用，并取得了良好的治理效能。

尽管有部分学者认为利益相关者出于利益诉求的不同而可能产生博弈消耗及不确定性风险，但从新制度经济学理论、马克思主义经济学理论、人力资本理论、经济民主理论和社会责任理论[①]等诸多理论资源中都可以觅到对于利益相关者共同治理的学理支持。而在

[①]　张立君：《论企业利益相关者共同治理》，上海财经大学出版社，2008，第 3 页。

具体的实践层面，平台媒体自组织系统共同治理结构的出现，则恰当地解决了这一流弊。

首先，平台媒体的外部性特征极大地提升了实施共同治理的效能。平台企业的基本属性是网络外部性，受此特质的影响，平台企业的内外部资源不断融合，使得企业的控制与决策在一定程度上不再完全为内部资源所有者单独享有，而是出现了内部资源所有者与外部资源所有者共同参与企业治理的趋势①。平台媒体的外部性特征及其共同治理取向也是如此：平台媒体参与者共同治理结构突破了陈旧的"资本雇佣劳动"式单边治理模式，以平台媒体自组织生态系统为治理逻辑，在共利互惠效应的驱动之下，通过资源共享、资产互补和技术联结等方式，平台媒体打破了内部壁垒并模糊了对外边界，使其内部成员和外部利益相关者之间相互协作、彼此影响乃至自由切换，最终以平台媒体参与者的身份实施共同治理。

其次，正如平台媒体自组织系统的规制体系包含了系统规则和个别规则两个部分，且二者在实际运行过程中通过交互的方式可以相互渗透，对于平台媒体的治理而言，也将经历一个自组织与被组织彼此交织并逐渐向更高自组织程度过渡的准自组织状态，即所有参与者共同治理。在此过程中，平台媒体自组织系统的模块化结构在促进分工深化的同时刺激了新的合作及其外溢效果和协同效应的产生，并直接导致其控制逻辑的转移以及治理方式的转变——在由价值链向价值网的迁移过程中，物质资本强权让位于平台媒体参与者的共同治理，其目的是确保公平的利益分配和长效的价值创造，并据此构建平台媒体自组织生态系统。

（二）平台媒体共同治理之实施

1. 从利益相关者到平台媒体参与者

平台媒体共同治理模式的实施主体是平台媒体参与者。平台媒

---

① 杨瑞龙、胡琴：《从技术创新透视外部网络化对企业治理结构的影响》，《学习与探索》2000 年第 6 期。

体的共同治理同样涉及其利益相关者，然而不同于经济学范畴中基于专用性资产而形成的规范式定义，社会学领域中的利益相关者概念更加强调公众参与或公共权益。因此，对于平台媒体自组织系统而言，原有的利益相关者概念及其经济学释义已不足以理解复杂的社会适应系统中网络化节点的耦合作用，而平台媒体参与者这一指代则在经济诉求之余，更能概括其愿景一致、利益相关、关系勾连、角色切换和价值共创的网络化社会功能。

如前所述，平台媒体参与者是平台媒体自组织系统所有成员的集合与杂糅，是一种对平台媒体生态圈建构者和价值创造者的统称。基于此，平台媒体之于其参与者，在某种程度上具有公共物品的属性，因此也就更加具备共同治理的应然性。

除此之外，尽管平台媒体参与者的利益要求有所不同，但其最终价值指涉乃至宏大变革愿景则是趋同的，特别是平台媒体参与者所具有的非线性的行动方式、共同参与的行为主旨、流动的角色身份、开放的构成边界以及唯一的接入门槛等特质，均使之存在实施多元协同治理，亦即共同治理的可行性。

2. 共同治理平权化的平台媒体生态

数字资本主义对生产、消费与流通领域的阶级结构进行了重新界定①。共同治理是众多平台媒体参与者集体行动的结果，更是平台媒体自组织系统治理结构变迁的反映。

互联网时代以及移动互联网时代的平台媒体自组织系统，具有平权化特征。也就是说，在数字化技术的作用之下，其社会化网络结构的形成再也不是由强势主导胁迫被动参与，而是由所有的共建者以平等、同权、均占、协商和制衡的方式经由持续的博弈互动而形成。因应这一逻辑转移，原有的传媒规制也要随之发生改变，不仅表现为平权式传媒体系的制度重构，更为重要的是，整个平台媒体自组织系统的治理结构发生了质的变化——平台媒体共同治理模

---

① 丹·希勒：《数字资本主义》，杨立平译，江西人民出版社，2001，第6页。

式应运而生。

平台和媒体都可以划归至广义的中间性组织范畴，因此，在其发展过程中二者一直在努力寻求触及政府干预与市场调节之间的平衡点。但媒体所隐含的双重属性，使之在具体的运营过程中，很难摆脱政府的管控，而平台所固有的外部性特征，使其在出现负外部性问题时，也需要借助政府的力量。然而政府的影响本身也是一把"双刃剑"，存在积极和消极两种可能。政府可以通过提供平台媒体发展所需的基础设施及相关配套设施等公共产品，并以补贴及税费优惠等方式帮助参与者进入平台网络，但这种积极作用的发挥必须通过政府角色的转换和治理模式的改变来实现。

从这一意义上来说，平台媒体共同治理模式实施的重点之一就在于将政府纳入自组织演化体系之中，使之成为平台媒体共同治理的平权化参与者。要实现这一职能转变，必须对政府角色进行重新定位——作为自组织系统内的一种特殊角色，以协调、服务、监督等方式，推动系统内秩序的形成①。政府与传媒的关系正在发生巨大变化。传统媒体与政府的关系，是政府外在于传媒，因而政府往往以管理者的角色，将传媒视为管理相对人之一。而"互联网＋"时代的政府与平台媒体的关系，尤其是完成了互联网化的政府，则是内在于平台媒体的，它是平台媒体自组织系统的直接行动者之一，也就是说，政府成为平台媒体共同治理的参与者。从外部的管理者、观望者、仲裁者到身处平台媒体生态系统之内的参与者、推进者、倡导者、提供者、解决者、维护者，政府从过去单纯的管理角色转型为与多元参与者协同治理的平权化参与角色，其内在联结也由硬性的"上下级"关系变为柔性的"伙伴"关系。

不仅于此，在平台媒体自组织系统所构造的媒介生态系中，政府仅仅是其间的一个行动主体，还需要与其他诸多的平台媒体参与

---

① 彭兰：《"自组织"机制下的自治：互联网治理的一种可能路径》，张志安主编《互联网与国家治理年度报告（2016）》，商务印书馆，2016，第213—223页。

者协同作用，共同推进平台媒体治理的演化博弈。这种共同治理演化博弈论说的精髓即为生态化治理。阿里研究院院长高红冰提出了"生态化治理"的观点。生态化治理强调的是在一个生态系统中，各个参与者为了维持自身的利益和生态系统的可持续发展，共同参与到治理过程中来[①]。

因此，更进一步来说，平台媒体共同治理模式实施的重点之二在于以生态化治理的方式重新制定平台媒体共同治理的游戏规则。参与者的多元化和参与方式的多样化，导致了平台媒体组织方式和商业模式的颠覆、创新及重构。尤其是平台媒体边界的扩张，引入了来自通信产业和 IT 产业以及互联网产业的参与力量，这些新进入者带给平台媒体的不仅仅是资源，还有游戏规则的变更。在平台媒体自组织系统的共同治理中，必须明确制度变迁与用户崛起及技术进步之间的共同演化规律，以治理主体多元化、治理责任分散化和治理机制合作化[②]实现生态化治理。

第二节 构建平台媒体生态系统

一 平台媒体生态系统及其价值

广义的达尔文主义认为自然世界和人类社会具有某种程度的相似性和可比性，在将生物演化的基本概念——变异、选择与遗传应用于社会演化之时，形成了更具适切性的科学哲学元理论基础——创新、选择与复制。广义的生态系统观亦然。一般意义上的生态系统意指自然界中的动态平衡状态，而将这一概念引介至社会科学领域时，也随之形成了意识生态系统、商业生态系统、互联网生态系

---

① 王淑翠：《促进互联网平台型公司和生态型公司发展》，《平台经济》，机械工业出版社，2016，第 102—108 页。
② 王淑翠：《促进互联网平台型公司和生态型公司发展》，《平台经济》，机械工业出版社，2016，第 102—108 页。

统等泛化的生态系统现象。平台媒体生态系统正是基于广义生态系统观而生成的对传媒领域中平台关系网络及其存在状态的一种隐喻。

生态系统具有对外开放性和内部自适应的特征，能量流动、物质循环和信息传递是其基本功能。究其本质，生态系统实为一个复杂的自组织系统，自组织既是生态系统的功能逻辑，也是其结构形态。因此，平台媒体自组织系统的构建与优化，必须将其放置在生态系统的范畴之内予以考量。

"生态"是指具有异质性的企业、个人在相互依赖和互惠的基础上形成共生、互生和再生的价值循环系统[①]。可以说，"生态系统"（ecosystem）这一生物学术语现在已经拥有了"双边市场平台企业主导的商业环境"这一层含义[②]。在网络效应世界，使用者生态系统是竞争优势和主导市场的新源头[③]。纵观国内的平台型互联网公司，无论是以 BAT 为首的互联网巨头，还是拼多多、小米、京东等第二梯队的跟进者，抑或是今日头条、滴滴、360 等各个垂直领域的创新者，无一不致力于从发展战略的高度布局其生态系统，并将其作为一种新的商业文明和财富智慧而加以推广。

腾讯是平台媒体生态系统最积极的实践者和最坚定的布道者。在其初级生态架构中，腾讯采取的是内生型生态系统布局——以核心竞争优势为基点，通过流量导引实现功能辐射和创新扩散，最终惠及自身整个生态系统——腾讯的社交产品即为构成其多元生态系统的圆心之所在。以此为基点，继将"生态"作为其未来战略升级规划的关键词之后，腾讯进一步探索其生态化变革之道，并已经探

---

① 廖建文、崔之瑜：《经典战略框架过时了，未来企业拼的是"竞争优势 + 生态优势"》，哈佛商业评论，http://www.hbrchina.org/2017 - 03 - 13/5066.html，2017年3月13日。

② 赵镛浩：《平台战争：移动互联时代企业的终极 PK》，吴苏梦译，北京大学出版社，2012，第15页。

③ 杰弗瑞·帕克、马歇尔·范艾尔史泰恩、桑吉·乔德利：《平台经济模式：从启动、获利到成长的全方位攻略》，李芳龄译，天下杂志股份有限公司，2016，第61页。

索出与生态伙伴进行产业共创的三种最佳实践模式：解决方案的生态共创、技术产品的生态共融和 SaaS 生态的联合"共创"①。

可以说，因循着"平台即生态"的逻辑判断，平台媒体本身就是一个中观层面的媒介生态系统，它在自成生态体系的同时，亦遵循着递归式结构复杂性规则：平台媒体生态系统的一端向下延伸出更加微小的内部子生态要素和系统构件，另一端也向上拓展参与构成一个更大范围的外展式媒介生态。

有鉴于此，平台媒体使得未来媒体的生态活性获得了显著的增强，并日渐进化为一个具有自主更新能力和自我强化功能的价值循环增值系统，平台业已成为承载媒介复杂性进化取向的必然选择。无论是今日头条等互联网原生型平台媒体，还是上海报业集团等传统主流媒体融合型平台媒体，乃至腾讯等互联网平台公司拓展型平台媒体，其未来媒体发展战略决策都转向了平台生态系统的构建。今日头条开始启动平台生态升级（2018 年 11 月 17 日），从而建立一个更优质、更健康的内容平台生态②。腾讯宣布启动公司组织架构调整（2018 年 9 月 30 日）以形成"更具开放性的新型连接生态"③。上海报业集团下属的澎湃新闻在以"内容新生态 平台新势力"为主题的 2018 外滩新媒体峰会（2018 年 7 月 25 日）上提出以"生态化"打造中国互联网新型主流媒体的目标④。

二 平台媒体生态系统的结构

平台媒体生态系统是自然生态系统在传媒领域中的一种拟态，

---

① 腾讯科技：《2020 年腾讯全方位加速产业互联网生态投入 扶持高协同价值生态合作伙伴》，2019 - 12 - 20，https://new. qq. com/omn/TEC20191/TEC2019122002059200. html。
② 《今日头条宣布生态升级，打造基础设施最完备的内容平台》，http://www. xinhuanet. com/tech/2018 - 11/19/c_1123735315. htm，2018 年 11 月 19 日。
③ 朱恒源：《腾讯重建生态与互联网下半场》，http://opinion. caixin. com/2018 - 10 - 08/101332451. html，2018 年 10 月 8 日。
④ 《内容新生态，平台新势力——2018 外滩新媒体峰会举行》，https://www. thepaper. cn/newsDetail_forward_2293421，2018 年 7 月 25 日。

二者的结构及其功能具有相当的生态适应性。从这一意义上来说，平台媒体生态系统的结构与自然生态系统结构相类似，都是由形态结构和功能结构两个维度的群落及其循环所形塑的复杂适应性系统。

（一）平台媒体生态系统的形态结构

形态结构意指生态系统的组分单元及其量比演替。不同质态的生态系统其组成成分必然千差万别，同一类型的生态系统其组成成分的复杂程度亦有所差异，但无论是何种质态或何种规模的生态系统，无一例外都强调物种的多样性以及在此基础之上所形成群落的丰富性。

平台媒体作为一种拟态生态系统，同样强调从个体到种群再到群落直至生态系统的结构层次上的丰富多样和协调一致（图5-1）。在平台媒体生态系统中，每一个平台媒体参与者都代表着一个生物个体，同类的平台媒体参与者聚合在一起又共同构成其种群。平台媒体自组织系统的参与者不仅种类繁杂且数量众多，更为特殊的是，因应平台的多边市场环境和网络外部性特质，平台媒体参与者的身份及角色还可以自由转换，从而进一步提升了物种的多样性和整个平台媒体生态系统的体量。

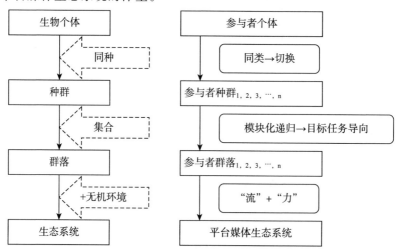

图5-1 平台媒体生态系统的形态结构
资料来源：笔者自制。

此外，相互作用的平台媒体参与者种群在目标及任务导向下集结为一定的社会化群落，即形成平台媒体自组织系统的模块化递归式结构。在平台媒体群落中，参与者因其所发挥功能的重要性不同，亦可划分为优势种和从属种，且受目标取向及任务配置的影响，会出现节律式交替或交错式变化。

如此一来，就形成了以平台媒体参与者为基本单位的平台媒体生态系统。特别是随着用户的崛起，平台媒体生态系统之形态结构的不稳定性进一步加强，个体的突变、种群的蜕变和群落的流变彼此交织，使得平台媒体的生态活性获得了显著的增强。

（二）平台媒体生态系统的功能结构

功能结构强调生态系统中的物质循环和能量流动，以及维系这种循环及流动的信息传递机能。总的来说，生态系统的功能单位可分为无机环境和生物群落两个部分。其中，无机环境是整个生态系统得以存续的基本物质环境和元能量源泉，阳光、空气、水等共同组成了生态系统的无机环境，并为生物群落持续供给物质和能量。生态系统的生物群落又可细分为生产者、消费者和分解者，它们在整个生态系统中以食物链或食物网的形式彼此依存、相互作用，并最终回归无机环境，从而实现生态系统的营养级平衡和可持续发展。

平台媒体生态系统的功能结构也不例外。更有甚者，在平台媒体生态系统中，得益于平台属性和自组织特质，其能量流动、物质循环和信息传递的效能均得到了指数型倍增，从而升级为能量增量流动、物质增量循环和信息增量传递。

平台媒体生态系统的"无机环境"亦即平台媒体自组织系统赖以运转的基础设施，具体表现为平台媒体自组织系统中的各种"流"和"力"。在平台媒体生态系统中，信息流、数据流、资金流、技术流、物质流、能量流、价值流等新型生产资料在学习力、创造力、创新力、拓展力和协调力等催化因素的驱动之下，能够自由流动和循环往复，不仅造就了"物种"多样性的平台媒体生态环境，更因应平台媒体参与者之间的差别与联系而生成了驱使平台媒体自组织系统演化发展的强劲势能。

平台媒体生态系统的"生物群落"虽然不能明确区分生产者、消费者和分解者，甚至还诞生了跨越级差的新型"产—消—创"者，但所有平台媒体参与者之间彼此依存的社会化网络关系仍然存在乃至更加紧密。特别是打破了级差限制的"产—消—创"者这一新兴参与者的出现，极大地提升了整个平台媒体生态系统的丰富性和活跃度，使之更加具有生态自我适应能力。

更为重要的是，经由平台媒体生态系统参与者及其自组织运行程序，原始的信息流、数据流、资金流、技术流、物质流、能量流、价值流以及最初的学习力、创造力、创新力、拓展力和协调力均被赋予了新的内涵和潜质，成为下一轮更高层级媒介形态进化的新起点。也就是说，不同于生物生态系统的物质循环和能量流动，平台媒体生态系统在基本的物质循环和能量流动之外，价值增值是构建平台媒体生态系统的核心要义所在。

三　平台媒体 DNA 图谱主导平台媒体生态系统的构建

平台媒体生态系统，其本质是一个具有自主更新能力和自我强化功能的价值循环增值系统，特别是在其平台属性和自组织特质的双重作用之下，这种价值循环增值的生态效应得以更加凸显。从这一意义上来说，平台媒体生态系统之所以能够实现，其内生性驱动力来源于平台媒体自组织系统的元特征。也就是说，平台媒体的广义共享性谱系即其 DNA 图谱——"开放＋共生＋学习"——主导着平台媒体生态系统的构建。

首先，平台媒体的开放 DNA 以开放的体系架构、开放的平台边界、开放的能量流动和开放的组织文化，最大限度地招徕、吸纳并容留各种各样的参与者共同加入平台媒体生态系统的价值创造过程之中，并使之可以根据目标及任务的差异而在不同的身份及角色之间自由转换。这些参与者亦即生态系统中的各色物种，正如物种的多样性决定了生态系统的体量和活性，数量众多的平台媒体参与者确保了平台媒体生态系统物种的多元化和多样性，是构建平台媒体生态系统并实现可持续发展的基础。更为重要的是，受益于开放DNA，平台媒体生态系统得以不断汲取资金、技术、文化、人力、数据等养料并能够持续进行产品/服务的供给以及信息乃至价值的输出。经由这一复杂的物质循环和能量流动的连续吞吐过程，平台媒体生态系统在应对由内部流变或外部突变所造成的风险时，能够敏捷地进行自我调节，从而提升其作为复杂适应性系统的自适应能力。

其次，平台媒体的共生 DNA 代表了一种特殊的生态耦合关系，具备这一关系，意味着平台媒体具有了构建平台生态系统的能力。数量众多的平台媒体参与者之间的关联并不是随机联结，也不是偏利连接，而是基于共同的生态空间的参与分享、协同激励和价值共创。一方面，平台媒体生态系统中参与者的存在方式是互利共生，基于共同发展愿景的参与分享机制吸引了越来越多的参与者加入平台媒体生态系统之中，在获得共同收益之余努力追求自身利益的实现，从而带来更大规模的平台网络效应外溢。另一方面，平台媒体参与者之间形成了一种正向激励关系，这种紧密的协同依赖因应平台媒体参与者的多元化和多样性而表现出强烈的互补式分布特征，并成为平台媒体自组织系统模块化运行的内在依据。尤其值得注意的是，在这种生态耦合关系中还隐蕴着价值共创的契机。单独的集群不能带来创新，或者是明确地促进创新[1]，正如创新的生态学"雨林模式"（图 5 - 2）中所反复强调的那样：这不单是充分的创造性破坏，更重要的是创造性的重组，联合和再联合人们的能力形成效率与生产力的持续增长模式[2]。

再次，平台媒体的学习 DNA 契合了生态系统进化趋向，为平台媒体自组织系统的生态型演化提供了不竭的动力和更多可能性。生

---

① 维克多·黄、格雷格·霍洛维茨：《硅谷生态圈：创新的雨林法则》，诸葛越等译，机械工业出版社，2015，第 10 页。

② 维克多·黄、格雷格·霍洛维茨：《硅谷生态圈：创新的雨林法则》，诸葛越等译，机械工业出版社，2015，第 XXIV 页。

态系统动态演化的结果不外乎进化或退化，生物生态系统抑或是社会生态系统无一例外，但总的来说，生态进化是生态系统发展的应然性趋势。进化，意味着复杂性、异质性和有序性的增加，以及自组织和自适应能力的增强，生物生态系统如此，平台媒体生态系统亦然。但二者之间的区别也十分明显——生物生态系统进化的动力主要在于环境的变迁和新物种的出现，而平台媒体生态系统进化尽管也受到上述突变及替代的影响，但主导性力量是其学习机能。平台媒体生态系统的结构变迁，包括系统内部的群落演替以及宏观层面的系统进化，都可以溯源至平台媒体的学习 DNA。不同于生物生态系统中能量流动的单向度和衰变性，平台媒体的学习 DNA以双向互动和协同进化的方式，创造出更多的生态化发展契机。对于平台媒体生态系统来说，学习 DNA 衍化出了允许试错、自主创生、持续迭代等运作机制，使之能够在未来的生态演化过程中，通过人工智能深度学习，完成参与者对智能化媒体乃至智慧化媒体的价值加载。

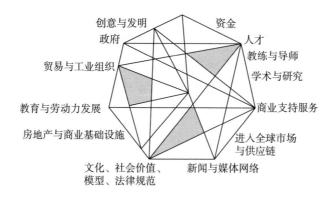

图 5 - 2　创新的生态学"雨林模式"

资料来源：维克多·黄、格雷格·霍洛维茨：《硅谷生态圈：创新的雨林法则》，诸葛越等译，机械工业出版社，2015，第 20 页。

　　腾讯首席执行官马化腾极力倡导建设生物型组织，他在致合作伙伴的信中强调——创新并非刻意为之，而是充满可能性、多样性的生物型组织的必然产物①。企业要做的，是创造生物型组织，拓展自己的灰度空间，让现实和未来的土壤、生态充满可能性、多样性。

第三节　赋予平台媒体文化价值内涵

就应然性而言，互联网平台公司与传统主流媒体之间的耦合既是媒介形态变迁对于复杂适应性媒介系统的必然要求，又是平台的技术优势和媒体的内容资源以平台媒体为界面的重新排列组合。然而，倚重内容资源抑或是依托技术平台不仅仅是传统媒体与新媒体之间的角力，更代表了两种截然不同的价值观，其内在的激励机制甚至是背道而驰的。故此，互联网平台公司和传统主流媒体之间最大的分歧并不在于技术隔阂或内容门槛，而是文化的差异②，平台媒体必须尽力弥合二者的文化沟壑。平台媒体的初衷是以技术和内容作为混合动力，但真正要使之长期运转下去，要解决的首要问题就是赋予平台媒体以文化价值内涵，以期消除彼此之间的进程互斥，真正做到殊途同归。

更进一步来说，平台媒体自组织系统构建过程中的技术赋能役使规律如何有序推进？参与者之间的非线性相互作用及其整体协同机制怎样良性运行？共同治理理念和生态系统战略何以具体实现？以技术序参量为轴心的资本、制度、信息、人力、市场等系统参量缺一不可，但真正将上述诸多变量黏着在一起并使之有机运转的柔性作用力则来自于文化——平台组织文化是共同治理理念和生态系统战略得以落地执行的软环境；平台技术文化是平台媒体自组织系统获得创新发展的隐性力量。有鉴于此，要建造平台媒体自组织系统并使之不断优化，必须激活乃至赋予平台媒体以文化价值内涵。

---

① 吴晓波：《腾讯传：1998—2016：中国互联网公司进化论》，浙江大学出版社，2017，第316—320页。

② Lydia Laurenson, "Don't Try to Be a Publisher and a Platform at the Same Time", *Harvard Business Review*, January 19, 2015.

一 平台媒体 DNA 中的文化片段

亚马逊 CEO 杰夫·贝索斯以个人身份收购《华盛顿邮报》之后，一直努力推行《华盛顿邮报》的数字化转型。在谈及收购初衷之时，贝索斯直言不讳地表示："我对报纸行业一无所知，但是我了解互联网。"抛却这一收购事件可能的政治意图和经济诉求，可以看出，作为"媒体新人"的贝索斯之所以敢于尝试入主传统媒体，其原因就在于他作为"互联网老手"深谙技术文化的游戏规则并对互联网逻辑的文化创造力充满信心。以亚马逊模式再造《华盛顿邮报》，是其数字化转型的诀窍所在——"亚马逊化"不止于资本注入或技术融合，而是对平台文化价值的挖掘和转移。对此，《华盛顿邮报》CIO 及技术副总监普拉卡什评价道："他（杰夫·贝索斯）所做的最重要的事，是为我们的文化设置正确的基调。"从这一意义上来说，贝索斯为《华盛顿邮报》带来的最有价值的改变不是其技术支持，也不是其商业模式，更不是其发行策略，而是作为一个互联网平台创始人对于平台媒体基因中所蕴含的文化创造力的准确把握和恰当运用。

合作源于基因和文化的协同进化[①]。平台媒体的 DNA 与文化交织在一起，形成了开放的文化、共生的文化和学习的文化——从文化上形成共识来构造平台媒体自组织演化的开放情境；从文化上获得协调来培育平台媒体参与者之间的共生关系；从文化上实现进化来设计平台媒体自组织系统的学习机制。

首先，开放的文化。按照经济学家周振华的研究分类，与"交易平台经济"仅仅连接供需双方的简单模式相比，其复杂模式"网络平台经济"将会连接更多的关联方，不仅需要拥有信息技术，更

---

① 尤查·本科勒：《企鹅与怪兽：互联时代的合作、共享与创新模式》，简学译，浙江人民出版社，2013，第 29 页。

要具备统一规范的市场制度体系和相似的文化环境[①]。对于平台媒体复杂适应性自组织系统而言，开放而非封闭的文化环境要求从文化上形成共识来构造平台媒体自组织演化的开放情境。这种开放的文化不仅是帮助平台媒体模块化结构耦合的润滑剂，也不止于是维系平台媒体试错机制运行的稳定剂，其最终指向是为搭建一个零摩擦参与（frictionless entry）的自组织网络。零摩擦参与指的是使用者能简单、快速地加入平台，并为平台创造价值，是让平台快速成长的关键。零摩擦参与的网络会自己有机成长，几乎没有极限[②]。维基百科的成功无疑正是得益于平台媒体自组织系统的开放文化，从表面上来看，开放的文化意味着接纳更加多元的参与者，然而究其本质，开放的文化是以容留不确定性的方式来孵化平台媒体创新的可能性。

其次，共生的文化。作为远离平衡态的平台媒体自组织系统，其内部参与者所各自具有的文化次系统亦是千差万别的，如何将这些非平衡的异质文化统辖在一起，使之发挥既竞争又协作的协同效应，则需要在异质性中寻求趋同的价值利基点——共生文化。这种共生文化基于认知的信任，通过业务的互相支持、分工配合，技术知识、信息上的交流共享实现，并为平台组织提供了创新空间和创新支持系统[③]。平台媒体的共生文化不是要剪灭各个参与者自身的组织文化，而是致力于从文化上获得协调来培育平台媒体参与者之间的共生关系。更为重要的是，在共生文化的引导下，平台媒体的组织规则亦发生了相应的变化。如前所述，平台媒体自组织系统模块化的规则体系由相对恒定的系统规则和灵活应变的个别规则两部分共同组成，其中"相对恒定的系统规则"即为共生文化在组织中观

---

① 王炫：《网络平台经济下平台文化价值创造管理研究——从共享到共创》，《现代管理科学》2017 年第 1 期。

② 杰弗瑞·帕克、马歇尔·范艾尔史泰恩、桑吉·乔德利：《平台经济模式：从启动、获利到成长的全方位攻略》，李芳龄译，天下杂志股份有限公司，2016，第 51 页。

③ 王炫：《网络平台经济下平台文化价值创造管理研究——从共享到共创》，《现代管理科学》2017 年第 1 期。

管理层面的具体表现，在这一硬性文化准绳之下，平台媒体自组织系统的资源流动、供需匹配、价值共创、利益共享和共同治理方得以实现。

再次，学习的文化。文化的复杂性缘于其具有进化的特质，从这一意义上来说，文化本身也是一个自组织系统，文化进化路径也必然因循着自组织规律而采取超循环演化的形式。如果将文化进化与平台媒体演化予以加成，那么文化的超循环演化平台媒体与平台媒体的超循环演化之间就会形成共振，进而结构成更高层次的超循环形态——文化创造力将使平台媒体的价值共创参数方程由指数增长演变为双曲线增长。学习是文化进化的主要方式，平台媒体也不例外，平台媒体的学习文化就是从文化上实现进化来设计平台媒体自组织系统的学习机制。平台媒体的学习文化除了要糅合作为人类的参与者学习与作为机器的人工智能学习之外，还要形成与学习演化逻辑密切相关的试错文化。也就是说，不仅要供给所有参与者以试错的机会和技术，更要从企业管理和组织文化的角度，倡导并培育开放、包容、信任的试错文化，赋予试错机制以更大的代偿弹性和更广的创新空间。BuzzFeed 的成功在于其充满活力的学习型文化。BuzzFeed 据此构建了一个持续性反馈回路——所有的文章和视频都是其复杂算法的数据来源，并进一步指引 BuzzFeed 如何创建并分发其广告信息。Peretti 将这一生态系统的运行机制概括为"数据—学习—盈利"[1]。

二 平台媒体技术文化

技术并不是一个孤立存在的社会现象，恰恰相反，技术作为一种物质文化表征，与文化之间存在广泛而深刻的联系。复杂性科学奠基人和技术思想家布莱恩·阿瑟将技术视为与文化相适应的机械

---

① Noah Robischon，"How Buzz Feed's Jonah Peretti Is Building A 100-Year Media Company"，*Fast Company*，2016 - 02 - 16.

艺术的集合体①，更准确地说，技术与文化通过互动作用形成了一个有机整体"技术—文化"系统②。故此，科技与文化融合态势凸显③，并业已产生了对于技术、文化乃至其他相关因素的反向促进作用。

平台媒体是一个以数字化技术作为序参量、以技术数字化赋能作为役使规律的复杂适应性自组织系统。相对于技术赋能在改进生产力方面所显现出来的功能性价值，其在改善生产关系方面的文化性价值似乎并不突出，然后恰恰是文化价值土壤所滋生的创造力使得技术及技术赋能能够支配平台媒体自组织系统内部诸要素协同运转，亦即由技术创造力到技术文化创造力的进化。

技术创造力是一个已经被广泛认可乃至科学量化的概念，然而对于文化创造力的认知才刚刚起步。尽管对于技术文化的贡献率尚未形成共识，但不容否认的是，文化是人类创造性活动及其成果的总和，而文化创造本质上就是一个不断进步、不断超越的过程④，也是一个自组织系统超循环演化的过程。因此，对于平台媒体而言，要构建起复杂适应性自组织系统，必须首先赋予其一定的技术文化内涵。

技术文化的精髓最终凝结为技术精神。众多社会领域同步展开的技术创新实践以及历次技术革命，逐步孕育出内涵丰富、影响深远的技术精神：第一，立足创造；第二，注重实效；第三，鼓励多元；第四，宽容失败；第五，精准可控⑤。平台媒体亦然。一方面，以开源的技术界面和模块化的组织结构鼓励平台媒体参与者的创新；

① 布莱恩·阿瑟：《技术的本质：技术是什么，它是如何进化的》，浙江人民出版社，2014，第 228 页。
② 张明国：《耗散结构理论与"技术—文化"系统——一种研究技术与文化关系的自组织理论视角》，《系统科学学报》2011 年第 2 期。
③ 《科技部等部门关于印发〈国家文化科技创新工程纲要〉的通知》（国发科高 [2012] 759 号），2012。
④ 杜刚：《全球化视域下文化创造力研究》，人民出版社，2012，第 1 页。
⑤ 王伯鲁：《技术文化及其当代特征解析》，《科学技术哲学研究》2012 年第 6 期。

另一方面，在创新过程中既注重培养参与者及其技术模块的多元共生，又积极容错甚至鼓励试错文化的推广。

在技术文化的作用之下，平台媒体复杂适应性自组织系统将被放置在技术理性视域之中，以技术规范协同系统组织运行机制及运作流程，从而真正建构一个新型数字化媒介形态。

三 平台媒体组织文化

囿于其资源禀赋和始创环境，绝大多数互联网公司的企业文化都源自技术型文化，追求特定效果及实现效率是技术创造活动的基本原则，其逻辑支点就是技术理性[①]。在创业成长之初，这种基于技术理性的文化结构和路径选择确实起到了至关重要的作用，并成就了一大批令人瞩目的互联网技术文化现象，小米、360 等互联网公司皆是技术文化的受益者，进而生发了简约思维、极致思维、迭代思维等一系列互联网技术文化思维模式并被奉为圭臬。但随着运行环境之复杂性的增长，技术文化强调技术理性而忽视人文关怀的固有缺陷也带来了难以预测的风险。此时，单一的技术文化已不足以支撑互联网平台公司的进化需求，而需要辅之以更具顶层设计意义的平台媒体组织文化。

腾讯一直以来都奉行务实的以工程师文化为主导的价值主张[②]，由此产生的红利也将腾讯推上了中国互联网企业巨头的位置。但2010 年 3Q 大战之后备受诟病甚至一度被同行称为 "狗日的腾讯"，也让腾讯尝到了由纯粹的技术理性主义所带来的切肤之痛，构建兼具多样性与一致性的平台型组织文化也成为其必然选择。

腾讯联合创始人张志东在 2017 腾讯 HR 内部年会的发言中提及：将自组织等移动产品关键词作为高科技企业的组织文化理念，创造具有内生力的智慧支撑平台。他以 TED 为例，指出其之所以变成了

---

① 王伯鲁：《技术文化及其当代特征解析》，《科学技术哲学研究》2012 年第 6 期。
② 蓝狮子：《X 光下看腾讯》，中信出版社，2011，第 11 页。

一个影响世界的思想平台，就在于产品设计所秉持的开放平等机制以及爱好者以自组织形态的延伸扩散。

平台媒体组织文化包括诸多维度，其中处于核心位置的是 MTP（Massive Transformative Purpose），"宏大变革目标"或称企业愿景。MTP 的重要性即为在随机成长阶段中可以成为一股维持稳定的力量，减少组织在扩张过程中出现的混乱①。这是因为：适当的 MTP 所带来的最重要效果就是它能产生一种文化运动，也就是说，足够鼓舞人心的 MTP 会围绕着组织建立起一个社群，这个社群会自我发展，最终创造出自身的组织、群体和文化②。除此之外，MTP 不仅是吸引顾客和留住员工的有效手段，而且对宏观上的公司生态系统（开发者、创业公司、非政府组织、政府、供应商、合伙人，等等）有所裨益。因此，它也能帮组织降低获取、交易和保留这些利益共同体的成本③。

纵观国内外互联网平台型公司，其 MTP 不尽相同：腾讯——最受尊敬的互联网企业、Airbnb——多元的全球社区、华为——共建更美好的全联接世界、Facebook——连接全世界，不胜枚举。但究其本质却都体现了一个共同的价值主张，即以技术赋能实现价值共创和利益共享以及共同治理，而这一价值主张也将成为平台媒体乃至未来智能媒体组织文化的精要所在。

---

① 萨利姆·伊斯梅尔、迈克尔·马隆、尤里·范吉斯特：《指数型组织：打造独角兽公司的 11 个最强属性》，苏健译，浙江人民出版社，2015，第 91 页。
② 萨利姆·伊斯梅尔、迈克尔·马隆、尤里·范吉斯特：《指数型组织：打造独角兽公司的 11 个最强属性》，苏健译，浙江人民出版社，2015，第 95 页。
③ 萨利姆·伊斯梅尔、迈克尔·马隆、尤里·范吉斯特：《指数型组织：打造独角兽公司的 11 个最强属性》，苏健译，浙江人民出版社，2015，第 104 页。

结语　过去已去　未来正来

一　平台媒体是现阶段媒介演化的最优选择

2014 年初，当 Jonathan Glick 首次提出 platisher 概念时，是将其作为内容供应商和平台服务商的"混搭组织"来予以认知的。在他看来，platisher 的原初形态主要有两类——内容供应商和平台服务商，平台媒体是二者彼此开放、相互交织、取长补短的产物。究其原因，一方面，平台具有与生俱来的媒介化属性，互联网平台型公司以此来努力寻求其在传媒领域中的合法性；另一方面，媒介亦具备得天独厚的平台型特质，包括传统主流媒体在内的内容供应商致力于向着新的平台型商业模式突围。因此，尽管内容供应商和平台服务商的原生环境有着天壤之别，但媒介形态演化之浪潮使其殊途同归，平台媒体由此产生。

顺应广义达尔文主义一般性演化原理，平台媒体只是媒介形态变迁的一个阶段，它的出现回答了媒介演化宏大历程之必然。但为什么是平台媒体代表了未来媒介发展方向而非其他？与纵向切面的"长周期"进化趋向判断相对应，还需结合具体情境对平台媒体自身的"短周期"演化逻辑进行横向剖面解析。

从表面上来看，平台媒体形成于内容方与平台方之间基于平台技术优势和专业内容权威的双向结合，但深究其本质，平台媒体实质上是一个开放的媒介生态系统，不止于平台方和内容方，其他诸多现有或潜在的参与者都被纳入其中，他们共生于此，并通过学习机制而进行着协同进化。因此，平台媒体所呈现的各种属性或种种特征，均源自其核心 DNA 图谱："开放 + 共生 + 学习"。

在平台媒体生态系统中，参与者们能够真正实现以价值共创为基本主张的深度融合。所有的平台媒体参与者都以自由基的形式存在，并呈现分布式生态位关系，他们以目标任务为导向而自主聚合、自由离散及共同治理，模块化结构和试错机制是其彼此耦合时所必须遵循的内在逻辑关系。

简而言之，对于平台媒体的认知和分析在某种程度上接受这样一种观瞻：媒介演化的趋势是不可避免的。在媒介演化过程中，同时存在"长周期"和"短周期"，二者相互交织、并行不悖：一方面，平台媒体是"媒体平台—平台媒体—智能媒体"跃迁链条中不可或缺的一个环节；另一方面，平台媒体又不断进行着基于自组织原理的自我进化。所以，平台媒体作为一个复杂适应性社会系统，既是现阶段媒介演化的最优选择，也是未来媒体的发展方向，此乃研究平台媒体自组织系统的根本立意之所在。

二　平台媒体演化的最终指向将是智能媒体

正确认识所处何地，才能准确预判将去往何处。如果说平台媒体是媒介演化可以预见的明日，那么，智能媒体则代表了媒介演化充满想象的未来。

媒介演化史所表现出来的这种长、短周期相嵌套的变动，同各个周期内的技术革新呈现极为显著的正相关态势。正如本能是建立在基因的基础上的，而习惯对每一个个体而言都是在文化情境中获得的[1]。媒介的性质和使命自其诞生以来从未改变，但媒介的形态及其组织方式却以衍生复制的方式不断演化，其中，技术即为一个重要的情境性因素。就历时性维度而言，从媒体平台阶段的以内容为主导，到平台媒体阶段的以平台为主导，再到智能媒体阶段的以算法为主导，在这一变迁过程中，技术进化始终引领着媒介演化。而

---

① Geoffrey M. Hodgson 等：《达尔文猜想：社会与经济演化的一般原理》，王焕祥等译，科学出版社，2013，第 204 页。

从现时性视角来看，平台化变革系技术适逢其会，在相关技术序参量的技术赋能役使规律作用之下，平台媒体正在崛起并日益成为新型主流媒体之主流媒介形态。技术不仅支配着这一切的发生，更为重要的是，它亦将决定媒介未来的向度。

内容生产、内容管理与内容分发的彼此独立已不再是一个趋势而更成为一种现实。迄今为止，技术进化已经实现了将内容管理从内容生产中剥离出来，平台媒体的出现即为这一改变的首要表征。不远的将来，在技术逻辑的指导之下，基于算法（algorithm）机制而生成的推荐系统将成为支配内容分发的基本法则——协同过滤推荐、基于内容推荐、基于知识推荐、基于近邻推荐，以及情境感知推荐和社会化推荐，乃至集大成的混合推荐①将引导其向着更高阶的智能化新闻生产和信息分发进化，并终将成为桥接平台媒体与智能媒体的技术基础。

未来，在机器学习技术的引领下，区块链技术、量子运算技术、认知计算技术、物联网技术、数字孪生技术等人工智能技术簇的相继触发和应用落地，将使对于未来媒介的所有想象最终成为现实。2016 年人工智能系技术的爆发式进步，揭开了智媒时代的序幕。不论将其称为智能媒体，抑或是智慧媒体，在某种程度上，都得益于技术之破坏力与创造力的同步释放。

国外互联网平台公司的 AI 竞争如火如荼，国内的 BAT 亦积极布局人工智能领域。2016 年 4 月 1 日，百度宣布启动"凡尔纳计划"，该项目是基于人类未来学研究的计划，致力于让科技更具想象力②。同年 9 月 1 日，又在百度世界大会上推出了"百度大脑"，主动备战人工智能时代。阿里的人工智能是在阿里 DT 大商业体系内展开的，2015 年 7 月 24 日发布的"阿里小蜜"虚拟机器人，即为其电商业

---

① R. Burke, "Hybrid Web Recommender System", *The Adaptive Web*, Springer Berlin/Heidelberg, pp. 377 – 408, 2007.

② 《百度启动"凡尔纳计划"邀顶尖科学家玩人脑智能概念》，http://china.cnr.cn/xwwgf/20160401/t20160401_521766803.shtml，2016 年 4 月 1 日。

务层面对于人工智能的积极尝试。2017 年 1 月 6 日的腾讯研究院年会提出未来腾讯的人工智能服务将紧密围绕内容、社交、游戏三个核心应用场景展开①。

当然，技术进化也是延续性技术和破坏性技术的杂糅，在技术更新和技术创生的周期性轮替中，技术进化之于媒介体系的权重也发生着脉冲式波动。未来，随着平台媒体向智能媒体的进化，序参量是否依然锁定为技术，还是在技术与内容之间交互轮转，抑或是由技术和内容以及算法或其他新的支配参量彼此协同主导，一切尚未可知。但复杂适应性媒介自组织作为一个持续动态涨落运动系统，不同序参量以竞争的方式不断创造着媒介形态演化之新的可能性，当下互联网巨头和创业公司对于"内容付费"模式的尝试不啻为一次有益的探索。

三　在争议与质疑中砥砺前行的平台媒体

硅谷将取代纽约而成为世界新闻之都②？从用户基数及变现能力来看，这种变化正在发生。但媒体重心的迁移，绝不只是地理维度上集聚效应的凸显，更深层次的原因在于：互联网平台公司在传媒领域中支配地位的确立，以及随之而来的传统主流媒体的日渐式微。

尽管平台媒体是现阶段媒介演化的最优选择，然而，围绕着平台媒体的争议不绝于耳，2016 年美国大选期间所曝出的各种匪夷所思的假新闻更是引发了对于平台媒体尤其是互联网平台公司所主导的平台媒体（the platform press）的大规模质疑③。

互联网平台公司将技术逻辑代入新闻业，并由此深刻改变了内容生产、内容管理和内容分发的流程和规制。在这一过程中，技术

---

① http://tech. qq. com/a/20170106/036467. htm，2017 年 1 月 6 日。
② Joe Hyrkin，"Silicon Valley Is Now the Media Capital of the World"，https://www. recode. net/2016/11/17/13667434/silicon-valley-media-capital-content-distribution，Nov. 17, 2016.
③ Emily Bell and Taylor Owen，"The Platform Press：How Silicon Valley Reengineered Journalism"，The Tow Center for Digital Journalism，March 29, 2017.

理性在回避了传统媒体"把关人"偏见的同时，也进一步生成了新的技术偏见，平台所固有的缺陷①和算法技术的不透明更是让这种偏差一时之间难以弥合。与此同时，互联网平台公司往往极力标榜所谓的互联网精神而拒绝承担起相应的媒体责任，致使由其主导的平台媒体不可避免地陷入了道德和法律的内忧外患，为其发展平添了几分不确定性。

然而可以肯定的是，平台媒体演化是大势所趋。尽管在具体的传播情境中，或多或少地存在一些争议和不足，但平台媒体自组织演化本身就是一个构建与优化并行不悖的复杂适应性过程。技术序参量及技术赋能役使规律支配下的试错机制的运行，以及多元参与者共同治理的实施和平台媒体文化价值内涵的挖掘，等等，都将有助于平台媒体朝着正确的方向演进。正如谷歌在其"不作恶"（do not be evil）的价值理念中所宣称的那样："只要动机是好的，结果也将是好的。尤其当人们将所有可能都考虑进去的时候。"②

过去已去，未来正来。未来媒介，所有不可想象，终将化为寻常，而预测未来的最好方法是参与创造，对于平台媒体乃至智能媒体的实践创新和学理探索亦理应如此。

---

① 反对者称之为"平台资本主义"。

② 托马斯·舒尔茨：《Google：未来之镜》，严孟然等译，当代中国出版社，2016，第 324 页。

参考文献

中文文献

（一）专著

阿里研究院：《平台经济》，机械工业出版社，2016。

埃里克·冯·希普尔：《民主化创新——用户创新如何提升公司的创新效率》，陈劲等译，知识产权出版社，2007。

安德烈亚斯·布尔：《用户3.0》，余冰译，北方妇女儿童出版社，2015。

保罗·莱文森：《数字麦克卢汉：信息化新千纪指南（第2版）》，何道宽译，北京师范大学出版社，2014。

保罗·莱文森：《新新媒介》，何道宽译，复旦大学出版社，2014。

本杰明·戈梅斯－卡塞雷斯：《重混战略：融合内外部资源共创新价值》，徐飞等译，中国人民大学出版社，2017。

彼得·伯克：《知识社会史（上卷）：从古登堡到狄德罗》，陈志宏等译，浙江大学出版社，2016。

彼得·伯克：《知识社会史（下卷）：从〈百科全书〉到维基百科》，汪一帆等译，浙江大学出版社，2016。

彼得·德鲁克：《21世纪的管理挑战》，朱雁斌译，机械工业出版社，2009。

布莱恩·阿瑟：《技术的本质：技术是什么，它是如何进化的》，曹东溟等译，浙江人民出版社，2014。

蔡文之：《网络传播革命：权力与规则》，上海人民出版社，2011。

仓桥重史：《技术社会学》，王秋菊等译，辽宁人民出版社，2012。

陈威如、余卓轩：《平台战略——正在席卷全球的商业模式革命》，中信出版社，2013。

大卫·A. 施韦德：《大数据经济新常态：如何在数据生态圈中实现共赢》，昝朦等译，中国人民大学出版社，2015。

戴维·温伯格：《知识的边界》，胡泳等译，山西出版传媒集团，2014。

丹娜·左哈尔：《量子领导者：商业思维和实践的革命》，杨壮等译，机械工业出版社，2016。

丹尼尔·伯勒斯、约翰·戴维·曼：《理解未来的7个原则：如何看到不可见，做到不可能》，金丽鑫译，江西人民出版社，2016。

丹·希勒：《数字资本主义》，杨立平译，江西人民出版社，2001。

道格拉斯·C. 诺思：《理解经济变迁过程》，钟正生等译，中国人民大学出版社，2013。

道格拉斯·C. 诺思：《制度、制度变迁与经济绩效》，杭行译，格致出版社/上海人民出版社，2014。

稻盛和夫：《阿米巴经营》，曹岫云译，中国大百科全书出版社，2013。

丁俊杰、陈刚：《广告的超越：中国4A十年蓝皮书》，中信出版社，2016。

弗朗西斯·赫塞尔本、马歇尔·戈德史密斯：《未来的组织：全新管理时代的愿景与战略》，苏西译，中信出版社，2012。

高天亮：《基于价值网理论的商业模式研究》，世界图书出版公司，2013。

龚焱、郝亚洲：《价值革命：重构商业模式的方法论》，机械工业出版社，2016。

谷虹：《信息平台论——三网融合背景下信息平台的构建、运营、竞争与规制研究》，清华大学出版社，2012。

赫尔曼·哈肯：《协同学——大自然构成的奥秘》，凌复华译，上海译文出版社，2013。

胡皓、楼慧心：《自组织理论与社会发展研究》，上海科技教育出版社，2002。

吉姆·怀特赫斯特：《开放式组织：面向未来的组织管理新范式》，王洋译，机械工业出版社，2016。

季成、徐福缘：《平台企业管理：打造最具魅力的企业》，上海交通大学出版社，2014。

加里·哈默、比尔·布林：《管理的未来》，陈劲译，中信出版社，2012。

江远涛：《商业生态圈："互联网＋"时代，构建互赢共生的商业生态模式》，当代世界出版社，2016。

杰弗瑞·帕、马歇尔·范艾尔史泰恩、桑吉·乔德利：《平台经济模式：从启动、获利到成长的全方位攻略》，李芳龄译，天下杂志出版社，2016。

杰里米·里夫金：《零边际成本社会——一个物联网、合作共赢的新经济时代》，赛迪研究院专家组译，中信出版社，2014。

卡尔·波普尔：《科学发现的逻辑》，查汝强译，中国美术学院出版社，2008。

卡尔斯·霍姆斯：《复杂经济系统中的行为理性与异质性预测》，忻丹娜等译，格致出版社/上海人民出版社，2016。

卡丽斯·鲍德温、金·克拉克：《设计规则——模块化的力量》，张传良译，中信出版社，2006。

凯文·凯利：《必然》，周峰等译，电子工业出版社，2016。

凯文·凯利：《失控：全人类的最终命运和结局》，东西文库译，新星出版社，2010年。

克莱顿·M. 克里斯坦森：《创新者的窘境》，胡建桥译，中信出版社，2014。

克里·莱文、克里斯托弗·洛克、道克·希尔斯、戴维·温伯格：《互联网的本质：传统商业的终结与超链接企业的崛起》，江唐等译，中信出版集团，2016。

蓝狮子：《X 光下看腾讯》，中信出版社，2011。

劳莘、周杰：《重塑商业新生态：商业模式创新设计实战方法论》，人民邮电出版社，2016。

雷格·瑞文斯：《行动学习的本质》，郝君帅等译，机械工业出版社，2016。

雷·库兹韦尔：《奇点临近》，李庆诚等译，机械工业出版社，2012。

雷·库兹韦尔：《人工智能的未来》，盛杨燕译，浙江人民出版社，2016。

李亚青、贾杲：《技术进化论——关于技术、经济、文化与社会的互动研究》，中国书店，2010。

梁小昆：《互联网思维模式下的新媒体》，中国传媒大学出版社，2016。

刘美玉：《企业利益相关者共同治理与相互制衡研究》，北京师范大学出版社，2010。

刘怡君、周涛等：《社会动力学》，科学出版社，2012。

罗德尼·海斯特伯格、阿拉克·维尔马：《互联网+技术融合风暴：构建平台协同战略与商业敏捷性》，钟灵毓秀等译，中国人民大学出版社，2015。

罗恩·阿什肯纳斯、戴维·尤里奇、托德·吉克、史蒂夫·克尔：《无边界组织》，姜文波等译，机械工业出版社，2016。

罗杰·菲德勒：《媒介形态变化：认识新媒介》，明安香译，华夏出版社，2000。

罗素、诺维格：《人工智能：一种现代的方法》，殷建平等译，清华大学出版社，2013。

罗以澄：《媒介思辨录》，社会科学文献出版社，2014。

马丁·L.阿伯特、迈克尔·T.费舍尔：《架构即未来：现代企业可扩展的Web架构、流程和组织（原书第2版）》，陈斌译，机械工业出版社，2016。

马歇尔·麦克卢汉、理查德·卡维尔：《指向未来的麦克卢汉：媒介论集》，何道宽译，机械工业出版社，2016。

马歇尔·麦克卢汉：《理解媒介：论人的延伸》，何道宽译，译林出版社，2011。

迈克尔·戴姆勒、李瑞麒、大卫·罗德、詹美贾亚·辛哈：《商业的未来》，刘寅龙译，机械工业出版社，2016。

米歇尔：《机器学习》，曾华军等译，机械工业出版社，2003。

穆胜：《云组织——互联网时代企业如何转型创客平台》，电子工业出版社，2015。

尼古拉·尼葛洛庞帝：《数字化生存》，胡泳等译，海南出版社，1997。

潘善琳、崔丽丽：《SPS案例研究方法：流程、建模与范例》，北京大学出版社，2016。

青木昌彦、安藤晴彦：《模块时代：新产业结构的本质》，周国荣译，上海远东出版社，2003。

让-马贺·杜瑞：《颠覆式创新：企业实现突破的15种方式》，熊祥译，中信出版社，2016。

萨利姆·伊斯梅尔、迈克尔·马隆、尤里·范吉斯特：《指数型组织：打造独角兽公司的11个最强属性》，苏健译，浙江人民出版社，2015。

商界评论：《模式十年（2005—2015）》，商界传媒集团，2016。

《商业价值》杂志社：《公司的演变：一部基于互联网的企业发展史》，电子工业出版社，2016。

沈小峰：《混沌初开：自组织理论的哲学探索》，北京师范大学出版社，2008。

师曾志、胡泳等：《新媒介赋权及意义互联网的兴起》，社会科学文献出版社，2014。

松尾丰：《人工智能狂潮：机器人会超越人类吗?》，赵函宏等译，机械工业出版社，2016。

宋旭岚、许新：《生态战略：如何打造生态型企业》，机械工业出版社，2016。

孙坚华：《新媒体革命：为什么传统媒体屡战不胜》，电子工业出版社，2016。

谭天：《媒介平台论：新兴媒体的组织形态研究》，中国人民大学出版社，2016。

谭小芳：《试错：企业与员工双赢的人性化管理法》，北京时代华文书局，2015。

唐塔普斯科特、亚历克斯·塔普斯科特：《区块链革命：比特币底层技术如何改变货币、商业和世界》，凯尔等译，中信出版社，2016。

托马斯·舒尔茨：《Google：未来之镜》，严孟然等译，当代中国出版社，2016。

王京山：《自组织的网络传播》，中国轻工业出版社，2011。

王昄：《平台战争》，中国纺织出版社，2013。

威尔伯·施拉姆：《人类传播史》，游梓翔等译，远流出版事业股份有限公司，1994。

威利·苏斯兰德：《开放式管理平台》，黄延峰译，台海出版社，2016。

维克多·黄、格雷格·霍洛维茨：《硅谷生态圈：创新的雨林法则》，诸葛越等译，机械工业出版社，2015。

乌麦尔·哈克：《新商业文明：从利润到价值》，吕莉译，中国人民大学出版社，2016。

吴彤：《自组织方法论研究》，清华大学出版社，2001。

吴晓波：《腾讯传：1998—2016：中国互联网公司进化论》，浙江大学出版社，2017。

西村真次：《人类协同史》，曲濯生译，河南人民出版社，2016。

徐宏玲：《模块化组织研究》，西南财经大学出版社，2006。

徐晋：《平台产业经典案例与解析》，上海交通大学出版社，2012。

徐晋：《平台经济学（修订版）》，上海交通大学出版社，2013。

徐晋：《平台竞争战略》，上海交通大学出版社，2013。

徐明星、刘勇、段新星：《区块链：重塑经济与世界》，中信出版社，2016。

亚历山大·奥斯特瓦德、伊夫·皮尼厄：《商业模式新生代》，黄涛等译，机械工业出版社，2011。

杨蕙馨、冯文娜：《中间性组织研究——对中间性组织成长与运行的分析》，经济科学出版社，2008。

杨家诚：《自组织管理："互联网＋"时代的组织管理新模式》，人民邮电出版社，2016。

杨瑞龙、周业安：《企业的利益相关者理论及其应用》，经济科学出版社，2000。

杨瑞龙、周业安：《企业共同治理的经济学分析》，经济科学出版社，2001。

伊莱休·卡茨、约翰·杜伦·彼得斯、泰玛·利比斯、艾薇儿·奥尔洛夫：《媒介研究经典文本解读》，常江译，北京大学出版社，2011。

尤查·本科勒：《企鹅与怪兽：互联时代的合作、共享与创新模式》，简学译，浙江人民出版社，2013。

喻国明：《媒介革命——互联网逻辑下传媒业发展的关键与进路》，人民日报出版社，2015。

喻晓马、程宇宁、喻卫东：《互联网生态：重构商业规则》，中国人民大学出版社，2016。

袁青燕：《价值网竞争优势》，经济管理出版社，2015。

约翰·诺顿：《互联网：从神话到现实》，朱萍等译，江苏人民出版社，2001。

约瑟夫·C. 皮特：《技术思考：技术哲学的基础》，马会端等译，辽宁人民出版社，2012。

约瑟夫·熊彼特：《经济发展理论》，郭武军等译，华夏出版社，2015。

约瑟夫·熊彼特：《资本主义、社会主义与民主》，吴良健译，商务印书馆，2011。

约书亚·梅罗维茨：《消失的地域：电子媒介对社会行为的影响》，肖志军译，清华大学出版社，2002。

詹尼士等：《推荐系统》，蒋凡译，人民邮电出版社，2013。

张继辰：《腾讯的企业文化》，海天出版社，2015。

张立君：《论企业利益相关者共同治理》，上海财经大学出版社，2008。

张彦、林德宏：《系统自组织概论》，南京大学出版社，1990。

张志安：《互联网与国家治理年度报告（2016）》，商务印书馆，2016。

张志安：《网络空间法制化——互联网与国家治理年度报告（2015）》，商务印书馆，2015。

赵大伟：《互联网思维独孤九剑》，机械工业出版社，2014。

赵镛浩：《平台战争：移动互联时代企业的终极 PK》，吴苏梦译，北京大学出版社，2012。

郑永年：《技术赋权：中国的互联网、国家与社会》，东方出版社，2014。

E. 拉兹洛：《进化——广义综合理论》，闵家胤译，社会科学文献出版社，1988。

Geoffrey M. Hodgson、Thorbjørn Knudsen：《达尔文猜想：社会与经济演化的一般原理》，王焕祥等译，科学出版社，2016。

H. 哈肯：《信息与自组织. 复杂系统的宏观方法》，郭治安译，四川教育出版社，2010。

M. 艾根、P. 舒斯特尔：《超循环论》，曾国屏等译，上海译文出版社，1990。

R. 梅雷迪恩·贝尔滨：《未来的组织形式》，郑海涛等译，机械工业出版社，2001。

（二）论文

蔡骐：《社会化网络时代的媒介文化变迁》，《新闻记者》2015 年第 3 期。

曹虹剑、张慧、刘松茂：《产权治理新范式：模块化网络组织产权治理》，《中国工业经济》2010 年第 7 期。

陈昌凤：《媒体融合中的全员转型与生产流程再造——从澎湃新闻的实践看传统媒体的创新》，《新闻与写作》2015 年第 9 期。

陈力丹、费杨生：《2015 年中国新闻传播学研究的十个新鲜话题》，

《新闻记者》2016 年第 1 期。

陈志广：《熊彼特的竞争理论及其启示》，《中南财经政法大学学报》
　　2008 年第 2 期。

陈作平：《结构主义方法与新闻理论体系的建构》，《现代传播》
　　2005 年第 6 期。

戴丽娜：《网络空间信息治理的变革与创新》，《新闻与写作》2017
　　年第 1 期。

谷虹、黄升民：《融合产业没有王者只有盟主——互联网平台运行机
　　制的四个基本向度》，《现代传播》2012 年第 4 期。

郭岚、张祥建、徐晋：《模块化的微观结构与风险特征：基于产业集
　　群的分析》，《科研管理》2008 年第 5 期。

郭全中：《传媒业市场发展新趋势：四大迭代》，《新闻与写作》
　　2017 年第 1 期。

郭全中：《未来媒体的六大维度》，《中国传媒科技》2016 年第 1 期。

郭世平：《和谐、秩序与自组织——从传统形而上学的哲学和谐观到
　　现代自组织科学的和谐理论》，《苏州大学学报》（哲学社会科
　　学版）2007 年第 1 期。

郭韬：《基于复杂性理论的企业组织创新研究》，哈尔滨工程大学博
　　士学位论文，2008。

郭永辉：《自组织生态产业链社会网络分析及治理策略——基于利益
　　相关者的视角》，《中国人口·资源与环境》2014 年第 11 期。

黄旦、李暄：《从业态转向社会形态：媒介融合再理解》，《现代传
　　播》（中国传媒大学学报）2016 年第 1 期。

黄凯南：《共同演化理论研究评述》，《中国地质大学学报》（社会科
　　学版）2007 年第 4 期。

黄凯南、何青松、程臻宇：《演化增长理论：基于技术、制度与偏好
　　的共同演化》，《东岳论丛》2014 年第 2 期。

黄凯南：《演化博弈与演化经济学》，《经济研究》2009 年第 2 期。

黄凯南：《演化经济学理论发展梳理：方法论、微观、中观和宏观》，

《南方经济》2014 年第 10 期。

黄民礼：《双边市场与市场形态的演进》，《首都经济贸易大学学报》
　　2007 年第 3 期。

黄升民、谷虹：《数字媒体时代的平台建构与竞争》，《现代传播》
　　2009 年第 5 期。

黄月琴：《新媒介技术视野下的传播与赋权研究》，《湖北大学学报》
　　（哲学社会科学版）2016 年第 6 期。

纪莉：《在两极权力中冲撞与协商——论媒介融合中的融合文化》，
　　《现代传播》2009 年第 1 期。

江积海、李琴：《平台型商业模式创新中连接属性影响价值共创的内
　　在机理——Airbnb 的案例研究》，《管理评论》2016 年第 7 期。

井润田：《关于平台组织机制设计的研究启示》，《管理学季刊》
　　2016 年第 4 期。

克劳斯·布鲁恩·延森：《三重维度的媒介：传播的三级流动》，
　　《东南学术》2015 年第 1 期。

郎波、高昊、陈凯：《信任传播与信任关系发现方法》，《计算机科
　　学与探索》2011 年第 11 期。

黎斌：《媒体融合新思维：从"内容为王"到"'内容+'为王"》，
　　《中国广播电视学刊》2017 年第 1 期。

黎加厚、王广新：《智能链对学习的影响》，《上海师范大学学报》
　　（哲学社会科学版）1999 年第 2 期。

李敏、谭天：《融合中转型：从电视记者到新闻策展人》，《电视研
　　究》2016 年第 8 期。

李明伟：《媒介形态理论研究》，中国社会科学院研究生院博士学位
　　论文，2005。

李鹏：《Web 2.0 环境中用户生成内容的自组织》，《图书情报工作》
　　2012 年第 16 期。

林翔：《互联网时代媒体经济发展研究——基于平台经济理论》，武
　　汉大学博士学位论文，2013。

刘茜：《传媒企业模块化价值创新过程模式研究——以〈先锋·居周刊〉杂志为例》，《国际新闻界》2011年第4期。

刘茜、任佩瑜：《模块化价值创新：媒介融合背景下传媒整合战略研究》，《现代传播》2013年第1期。

罗杰姆：《平台型新媒体（Platisher）是有效的商业模式吗?》，《中国传媒科技》2014年第12期。

罗珉：《论组织理论范式的转换》，《外国经济与管理》2008年第8期。

马振林、马溧：《结构洞理论视野下报业转型"平台型媒体"逻辑要点》，《中国报业》2016年第15期。

潘祥辉：《中国媒介制度变迁的演化机制研究——一种历史制度主义的视角》，浙江大学博士学位论文，2008。

彭璧玉：《组织种群演化理论述评》，《经济评论》2007年第5期。

彭华涛、王敏：《创业企业社会网络演化的试错机理——基于群体案例研究》，《科学学研究》2012年第8期。

彭兰：《从芦山地震后的微博看社会化媒体中的自组织》，《新闻与写作》2013年第6期。

彭兰：《万物皆媒——新一轮技术驱动的泛媒化趋势》，《编辑之友》2016年第3期。

彭兰：《未来传媒生态：消失的边界与重构的版图》，《现代传播》2017年第1期。

彭兰：《"新媒体"概念界定的三条线索》，《新闻与传播研究》2016年第3期。

彭兰：《影响公民新闻活动的三种机制》，《上海师范大学学报》（哲学社会科学版）2010年第4期。

彭兰：《正在消失的传媒业边界》，《新闻与写作》2016年第2期。

彭兰：《智媒化：未来媒体浪潮——新媒体发展趋势报告（2016）》，《国际新闻界》2016年第11期。

彭兰：《"自组织"机制下的自治：互联网治理的一种可能路径》，《互联网与国家治理年度报告（2016）》，商务印书馆，2016。

彭文慧：《企业无边界、网络组织创新与产业集群治理》，《科学管理研究》2007 年第 2 期。

任晓明、王左立：《评波普尔的进化认识论思想》，《科学技术与辩证法》2002 年第 6 期。

邵林：《基于互联网逻辑的平台型媒体研究》，《南京邮电大学学报》（社会科学版）2015 年第 4 期。

沈小峰、吴彤、曾国屏：《论系统的自组织演化》，《北京师范大学学报》（社会科学版）1993 年第 3 期。

宋建武、陈璐颖：《建设区域性生态级媒体平台——打造新型主流媒体的路径探索》，《新闻与写作》2016 年第 1 期。

宋建武、彭洋：《媒体的进化：基于互联网连接的平台型媒体》，《新闻与写作》2016 年第 8 期。

孙坚华、方兴东：《美国传媒望族新媒体失败历程启示录》，《中国记者》2015 年第 8 期。

谭天：《基于关系视角的媒介平台》，《国际新闻界》2011 年第 9 期。

汤雪梅：《自组织视域下的自媒体研究》，《出版广角》2014 年第 8 期。

陶希东：《平台经济呼唤平台型政府治理模式》，《浦东开发》2013 年第 12 期。

涂永前、徐晋、郭岚：《大数据经济、数据成本与企业边界》，《中国社会科学院研究生院学报》2015 年第 5 期。

庹继光：《叩问传媒与社会协同发展之路——〈传媒协同发展论〉的理论视角》，《新闻记者》2007 年第 10 期。

王斌：《从技术逻辑到实践逻辑：媒介演化的空间历程与媒介研究的空间转向》，《新闻与传播研究》2011 年第 3 期。

王斌、李峰：《平台型媒体的运营模式分析——以新闻聚合网站 BuzzFeed 为例》，《新闻战线》2015 年第 15 期。

王伯鲁：《技术文化及其当代特征解析》，《科学技术哲学研究》2012 年第 6 期。

王炫：《网络平台经济下平台文化价值创造管理研究——从共享到共创》，《现代管理科学》2017 年第 1 期。

文援朝、胡慧河：《波普尔试错法述评》，《求索》2002 年第 2 期。

巫威威：《"适应性效率"理论的研究与创新》，吉林大学博士学位论文，2008。

吴彤、沈小峰、郭治安：《科学技术：生产力系统的"序参量"——一种自组织演化的科技观》，《自然辩证法研究》1993 年第 6 期。

向安玲、沈阳：《全息、全知、全能——未来媒体发展趋势探析》，《中国出版》2016 年第 2 期。

肖岚：《创意产业融合成长的动力机制及其自组织创新模式研究》，东华大学博士学位论文，2011。

星野芳郎：《技术发展的模式——技术发展阶段论》，《科学与哲学》1980 年第 5 期。

星野芳郎：《技术革新的历史阶段》，《现代外国哲学社会科学文摘》1984 年第 10 期。

徐瑛、陈秀山、刘凤良：《中国技术进步贡献率的度量与分解》，《经济研究》2006 年第 8 期。

许同文：《媒体平台与平台型媒体：移动互联网时代媒体转型的进路》，《新闻界》2015 年第 13 期。

许志强：《智能媒体创新发展模式研究》，《中国出版》2016 年第 12 期。

薛晓东、谢梅：《数字传媒产业自组织运营模式研究》，《电子科技大学学报》（社科版）2007 年第 1 期。

杨瑞龙、胡琴：《从技术创新透视外部网络化对企业治理结构的影响》，《学习与探索》2000 年第 6 期。

杨勇华：《技术变迁演化理论研究述评》，《经济学家》2008 年第 1 期。

余晓阳、张金海：《传统媒体的数字化转型与新媒体的平台化发展——基于双边市场理论的经济学分析》，《新闻界》2012 年第

5 期。

喻国明、何健、叶子：《平台型媒体的生成路径与发展战略——基于 Web 3.0 逻辑视角的分析与考察》，《新闻与写作》2016 年第 4 期。

喻国明：《互联网时代的新权力范式："关系赋权"——"连接一切"场景下的社会关系的重组与权力格局的变迁》，《国际新闻界》2016 年第 10 期。

喻国明：《互联网是一种"高维"媒介——兼论"平台型媒体"是未来媒介发展的主流模式》，《新闻与写作》2015 年第 2 期。

喻国明：《"平台型媒体"的缘起、理论与操作关键》，《中国人民大学学报》2015 年第 6 期。

喻国明：《未来之路：入口级信息平台 + 垂直型信息服务》，《新闻与写作》2015 年第 8 期。

张明国：《耗散结构理论与"技术—文化"系统——一种研究技术与文化关系的自组织理论视角》，《系统科学学报》2011 年第 2 期。

张一鸣：《我眼中的未来媒体》，《中国传媒科技》2016 年第 1 期。

张志安、曾子瑾：《从"媒体平台"到"平台媒体"——海外互联网巨头的新闻创新及启示》，《新闻记者》2016 年第 1 期。

郑晨予：《基于自组织的国家形象传播模式构建——兼论与国家形象互联网承载力的对接》，《江淮论坛》2016 年第 1 期。

周海平：《复杂网络的演化模型及传播动力学研究》，贵州大学博士学位论文，2009。

周汉华：《论互联网法》，《中国法学》2015 年第 3 期。

周翔、罗顺均、苏郁峰：《从产品到平台：企业的平台化之路——探索平台战略的多案例研究》，《管理学季刊》2016 年第 3 期。

周振华：《产业融合拓展化的过程及其基本含义》，《社会科学》2004 年第 5 期。

朱春阳：《媒体融合：传统媒体向新媒体学习什么》，《新闻记者》

2016 年第 5 期。

朱战威：《互联网平台的动态竞争及其规制新思路》，《安徽大学学报》（哲学社会科学版）2016 年第 4 期。

（三）其他文献类型

BCG、阿里研究院：《未来平台化组织研究报告——平台化组织：组织变革前沿的"前言"》，2016 年 9 月。

阿里研究院：《"互联网 ＋"研究报告》，2015 年 3 月。

阿里研究院：《数字经济 2.0》，2017 年 1 月。

崔瀚文：《当谈论生态型组织，应当关注什么》，阿里研究院，http://www.aliresearch.com/blog/article/detail/id/21115.html，2016 年 10 月 14 日。

方兴东：《Facebook 十年路线图为全球互联网指引方向》，http://it.sohu.com/20160420/n445120266.shtml，2016 - 04 - 20。

国家新闻出版广电总局：《关于推动传统出版和新兴出版融合发展的指导意见》，http://www.gapp.gov.cn/news/1663/248321.shtml，2015 年 3 月 31 日。

胡翰中：《模块化运营，会是媒体行业"密室逃脱"的一线生机么?》，传媒一号，http://www.neweyeshot.cn/archives/31412，2017 年 3 月 9 日。

《互联网 Web 2.0 的自组织八大构成及其赢利模式》，http://mynet.zjblog.com/940.shtml，2006 年 10 月 3 日。

杰罗姆：《从内容生产、内容平台再到算法，一文看清新媒体"食物链"》，钛媒体，http://www.tmtpost.com/2557508.html，2017 年 1 月 15 日。

杰罗姆：《平台型新媒体，科技与媒体百年缠斗中再平衡》，钛媒体，http://www.tmtpost.com/177842.html，2014 年 12 月 16 日。

杰罗姆：《中外互联网巨头重新定义"平台型媒体"》，百度百家，http://jerome.baijia.baidu.com/article/444616，2016 年 5 月 10 日。

廖建文、崔之瑜：《经典战略框架过时了，未来企业拼的是"竞争优

势 + 生态优势"》，哈佛商业评论，http：//www. hbrchina. org/
2017 – 03 – 13/5066. html，2017 年 3 月 13 日。

陆晔、周天睿：《新闻生产转向"策展"模式》，《中国社会科学报》
2016 年 7 月 7 日，第 3 版。

马歇尔·范阿尔斯丁、杰弗里·帕克、桑杰特·保罗·乔达利：《平
台时代战略新规则》，哈佛商业评论，http：//www. hbrchina. org/
2016 – 04 – 06/3984. html，2016 年 4 月 6 日。

美通社：《亚太区记者工作状态与新闻采集习惯调查报告》，2016 –
11 – 08。

企鹅智酷：《智媒来临：2016 中国新媒体趋势报告》，http：//tech.
qq. com/a/20161115/003171. htm#p = 1，2016 年 11 月 15 日。

《全球数字化赋能计划》，http：//www. deproject. org/，2016 年 11 月 1 日。

世界互联网大会组委会高级别专家咨询委员会：《2016 年世界互联
网发展报告》，2016 年 11 月 18 日。

《腾讯公司副总裁黄海：构建共生共荣的内容生态》，http：//news.
qq. com/a/20160301/047373. html，2016 年 3 月 1 日。

腾讯科技·企鹅智酷：《企鹅智酷 2017 中国科技 & 互联网创新趋势
白皮书》，http：//tech. qq. com/a/20170111/002574. htm # p = 1，
2017 年 2 月 3 日。

乌镇智库、网易科技：《乌镇指数：全球人工智能发展报告（2016）》，
2016 年 10 月。

新浪新闻：《2017 未来媒体趋势报告》，2016 年 10 月 25 日。

周掌柜：《乐视生态的七大战略性风险》，http：//www. ftchinese. com/
story/001067385？ page = 1，2016 年 5 月 5 日。

周掌柜：《生态型企业何以挑战 BAT?》，http：//www. ftchinese. com/
story/001067156，2016 年 4 月 19 日。

朱峰、内森·富尔：《4 步完成从产品到平台的飞跃》，哈佛商业评
论，http：//www. hbrchina. org/2016 – 11 – 10/4728. html，2016 年
11 月 10 日。

《自组织的裂变力》，《商界评论》2015 年 9 月号。

英文文献

A. C. Pache and F. Santos, "Inside The Hybrid Organization: Selective Coupling As A Response to Competing Institutional Logics", *Academy of Management Journal*, 56(4), 2013, pp. 972 – 1001.

Alan MacCormack, John Rusnak, and Carliss Y. Baldwin, "Exploring The Structure of Complex Software Designs: An Empirical Study of Open Source And Proprietary Code", *Management Science*, 52(7), 2006, pp. 1015 – 1030.

Amrit Tiwana, *Platform Ecosystems: Aligning Architecture, Governance, and Strategy*, Morgan Kaufmann, 2013.

Amy Aronson, "Everything Old Is New Again: How the 'New' User-Generated Women' Magazine Takes Us Back to the Future", *American Journalism*, 31(3), pp. 312 – 328, 2014.

AS Miner and P. Bassoff, and C. Moorman, "Organizational Improvisation And Learning: A Field Study", *Administrative Science Quarterly*, 46(2), 2001, pp. 304 – 337.

Brewster Boyd, Nina Henning, Emily Reyna, Daniel E. Wang and D. Matthew, *Hybrid Organizations: New Business Models for Environmental Leadership*, Greenleaf Publishing, 2009.

B. Tan and S. L. Pan, X. H. Lu and L. H. Huang, "The Role of IS Capabilities In The Development of Multi-sided Platform: The Digital Ecosystem Strategy of Alibaba. com", *Journal of The Association of Information Systems*, 16(4), 2015, pp. 248 – 280.

Carmen Leong, Shan L. Pan, Sue Newell and Lili Cui, "The Emergence of Self-organizing E-Commerce Ecosystems in Remote Villages of China: A Tale of Digital Empowerment for Rural Development", *MIS Quarterly*, 40(2), 2016, pp. 475 – 484.

C. F. Breidbach, and D. G. Kolb, and A. Srinivasan, "Connectivity in Service Systems: Does Technology-Enablement Impact the Ability of a Service System to Co-Create Value? ", *Journal of Service Research*, 16(3), 2013, pp. 428 – 441.

C. Y. Baldwin, "Where Do Transactions Come from? Modularity, Transactions, and The Boundaries of Firms", *Industrial and Corporate Change*, 17(1), pp. 155 – 195, 2007.

C. Y. Baldwin, and K. B. Clark , "Managing in An Age of Modularity", *Harvard Business Review*, 75(5), 1997, pp. 84 – 92.

David Evans, "Managing the Maze of Multisided Markets", *Strategy & Business*, 2003.

D. E. Leidner and T. Kayworth, "Review: A Review of Culture in Information Systems Research: Toward A Theory of Information Technology Culture Conflict", *MIS Quarterly*, 30(2), 2006, pp. 357 – 399.

Emily Bell and Taylor Owen, "The Platform Press: How Silicon Valley Reengineered Journalism", *The Tow Center for Digital Journalism at Columbia's Graduate School of Journalism,* http: // www. cjr. org/ tow_center_reports/ platform-press-how-silicon-valley-reengineered-journalism. php, March 29, 2017.

Eric Schmidt and Jared Cohen, *The New Digital Age: Reshaping the Future of People, Nations and Business*, John Murray Publishers Ltd. , 2013.

Erwin K. Thomas and Brown H. Carpenter, *Mass Media in 2025: Industries, Organizations, People and Nations*, Greenwood Press, 2001.

Francis Heylighen, "Cultural Evolution And Memetics", B. Meyers, ed. , *Encyclopedia of Complexity and System Science*, Springer, 2008.

Francis Heylighen, Johan Bollen and Alexander Riegler, *The Evolution of Complexity*, Vub University Press, 2010.

Francis Heylighen, "Self-organization in Communicating Groups: The Emergence of Coordination, Shared References and Collective Intelligence", *Complexity Perspectives on Language, Communication, and Society, Springer*, 2013, pp. 117 – 150.

Francis Heylighen, "The Global Superorganism: An Evolutionary-cybernetic Model of The Emerging Network Society", *Social Evolution & History*, 6(1), 2007, pp. 58 – 119.

Francis Heylighen, "The Science of Self-organization and Adaptivity", *The Encyclopedia of Life Support Systems*, 5(3), 2001, pp. 253 – 280.

Geoffrey Parker and Marshall W. Van Alstyne, "Information Complements, Substitutes, and Strategic Product Design", http://papers. ssrn. com/ sol3/papers. cfm? abstract_id = 249585, Jan. 1, 2014.

Geoffrey Parker and Marshall W. Van Alstyne, "Two-Sided Network Effects: A Theory of Information Product Design", *Management Science*, 51(10), 2005, pp. 1494 – 1504.

Glenda H. Eoyang, "Human Systems Dynamics: Toward a Computational Model", *Numerical Analysis and Applied Mathematics*, 1479, 2012, pp. 634 – 637.

Hagiu Evans, *Invisible Engines: How Software Platforms Drive Innovation and Transform Industries*, Schmalensee, 2006.

Herbert Lui, "Platishers: The New Trend Content Marketers Need to Know about ", https://contently. com/strategist/2014/05/29/platishers-the-new-trend-content-marketers-need-to-know-about/, May 29th, 2014.

Jeremy Barr, "Digital 'Platisher' Atavist Gets a Refresh", http:// www. capitalnewyork. com/article/media/2015/03/8564597/digital-platisher-atavist-gets-refresh, Mar. 23, 2015.

J. Jay, "Navigating Paradox As A Mechanism of Change and Innovation in Hybrid Organizations", *Academy of Management Journal*, 56 (1), 2013, pp. 137 – 159.

Jonathan Glick, "Rise of the Platishers: It's Something in Between a Publisher And A Platform ", http://www. recode. net/2014/2/7/11623214/

rise-of-the-platishers, Feb. 7, 2014.

Joshua Benton, "Should the New York Times Become a Platisher?", http: // www. niemanlab. org/2014/02/should-the-new-york-times-become-a-platisher-or-at-least-something-similar-that-doesnt-have-the-worst-name-in-the-history-of-names/, Feb. 18th, 2014.

J. Wareham, P. B. Fox, and Cano J. L. Giner, "Technology Ecosystems Governance", *Organization Science*, 25(4), 2014, pp. 1195 – 1215.

Laure Claire and Benoit Reillier, *Open for Business: Harnessing the Power of Platform Ecosystems*, Routledge, 2016.

Lydia Laurenson, "Don' Try to Be a Publisher and a Platform at the Same Time", *Harvard Business Review*, January 19, 2015.

Mario L. Small, " How Many Cases Do I Need? On Science and the Logic of Case Selection in Field Based Research", *Ethnography*, 10(1), 2009, pp. 5 – 38.

M. Armstrong, "Competition in Two-sided Markets", *RAND Journal of Economics*, 37(3), 2006, pp. 668 – 691.

M. S. Krishnan, Arun Rai, and Robert Zmud, "The Digitally Enabled Extended Enterprise in A Global Economy", *Information Systems Research*, 18(3), 2007, pp. 233 – 236.

N. Haigh, and J. Walker, and S. Bacq, and J. Kickul, "Hybrid Organizations: Origins, Strategies, Impacts, and Implications", *California Management Review*, 57(3), 2015, pp. 5 – 12.

Noah Robischon, "How BuzzFeed' Jonah Peretti Is Building A 100-Year Media Company ", Fast Company, https: // www. fastcompany. com/ 3056057/most-innovative-companies/how-buzzfeeds-jonah-peretti-is-building-a-100-year-media-company, 2016 – 02 – 16.

Peter C. Evans and Annabelle Gawer, "The Rise of the Platform Enterprise—A Global Survey", *The Center for Global Enterprise*, January 2016.

P. M. Leonardi, "When Does Technology Use Enable Network Change in Organizations? A Comparative Study of Feature Use And Shared Affordances", *MIS Quarterly*, 37(3), 2013, pp. 749 – 775.

R. F. Zammuto, T. L. Griffith, A. Majchrzak, D. J. Dougherty, and S. Faraj, "Infoamation Technology and the Changing Fabric of Organization", *Organization Science*, 18(5), 2007, pp. 749 – 762.

Ricardo Bilton, "Platform or Publisher? Medium Keeps Blurring The Line", Digiday, http://digiday.com/media/medium-goes-vertical-latest-editorial-pitch/, May. 28, 2014.

Richard J. Hackman, *Collaborative Intelligence: Using Teams to Solve Hard Problems*, Berrett-Koehler Publishers, 2011.

Richard J. Hackman, *Leading Teams: Setting the Stage for Great Performances*, Harvard Business Review Press, 2002.

Rick Edmonds and Benjamin Mullin, "How Facebook And Other Platform Companies Promote Bad Journalism – and What to Do About It", http://www.poynter.org/2017/how-facebook-and-other-platform-companies-promote-bad-journalism-and-what-to-do-about-it/453936/, March 31, 2017.

Sigi Kaltenecker and Peter Hundermark, "What Are Self-Organising Teams?", https://www.infoq.com/articles/what-are-self-organising-teams, 2014 – 7 – 18.

S. L. Pan and G. Pan, "Managing Emerging Technology and Organizational Transformation: An Acculturative Analysis, Information and Management", *Devadoss PR*, 45(3), 2008, pp. 153 – 163.

Thomas Eisenmann, Geoffrey Parker and Marshall W. Van Alstyne, "Strategies for Two-sided Markets", *Harvard Business Review*, 84(10), 2006, pp. 92 – 101.

Thomas R. Eisenmann, Geoffrey Parker and Marshall W. Van Alstyne, "Opening Platforms: How, When and Why?", http://papers.ssrn.com/

sol3/papers. cfm?abstract_id = 1264012, June 12, 2014.

WB. Arthur, "Complexity Economics: A Different Framework for Economic Thought", *Terra Economicus*, 13(2), 2015, pp. 15 – 37.

W. Brian Arthur, Steven N. Durlauf and David A. Lane, *The Economy As An Evolving Complex System* Ⅱ, Addison-Wesley, 1997.

图书在版编目（CIP）数据

极目未来媒体：基于自组织理论的平台媒体演化研究／权玺著. -- 北京：社会科学文献出版社，2021.3
ISBN 978 - 7 - 5201 - 7958 - 4

Ⅰ.①极… Ⅱ.①权… Ⅲ.①媒体 - 研究 Ⅳ.①G206.2

中国版本图书馆 CIP 数据核字（2021）第 029609 号

极目未来媒体：基于自组织理论的平台媒体演化研究

著　者／权　玺

出 版 人／王利民
责任编辑／宋浩敏

出　　版／社会科学文献出版社
　　　　　地址：北京市北三环中路甲 29 号院华龙大厦　邮编：100029
　　　　　网址：www.ssap.com.cn
发　　行／市场营销中心（010）59367081　59367083
印　　装／三河市龙林印务有限公司

规　　格／开　本：787mm × 1092mm　1/16
　　　　　印　张：13.5　字　数：187 千字
版　　次／2021 年 3 月第 1 版　2021 年 3 月第 1 次印刷
书　　号／ISBN 978 - 7 - 5201 - 7958 - 4
定　　价／88.00 元

本书如有印装质量问题，请与读者服务中心（010 - 59367028）联系